# 開発経済学

平和のための経済学

郭 洋春

法律文化社

は　し　が　き


　20世紀の末に社会主義体制が崩壊した時、世界経済は資本主義の進展・拡大によって、先進国はもちろん、途上国でも経済成長するものと思われた。しかし、現実には南北格差は拡大し、環境破壊の深刻化、地域紛争の激化、テロの頻発、ひいては通貨危機や、金融危機など政治的・社会的・経済的問題は混乱と悪化の一途をたどっているように思える。

　特に、開発途上国で起きている様々な問題の根源には、その国の貧困が原因であると言われている。先進国が途上国にいくら経済援助をしても、その国が貧困によって政情が不安定である限り、実効ある経済政策を遂行することはできない、というわけだ。

　経済開発とは古くて新しい課題である。第二次世界大戦後、植民地支配から解放された開発途上国のすべては、経済開発を目指し、先進国もまた経済援助を通して、途上国の経済開発を支援して、今日に至っている。そして、いまだに途上国問題を考える上で、最も重要かつ喫緊の課題となっている。すなわち、戦後から数えても60年以上も同じ問題に取り組んでいることになる。確かに一部の途上国、特に、アジア諸国は急速な経済成長の下、先進国に近づいたりしている（例えば、韓国のOECD（Organization for Economic Cooperation and Development：経済開発協力機構）への加盟）。それでも、南北問題が世界経済の関心の的となるのは、その格差が拡大しているからに他ならず、それを解決しないことには、前述の政治・経済・社会問題も解決しないと考えられているからだ。

　なぜ、戦後の世界経済は南北格差を拡大させ、飢餓、貧困を増大させたのか。それは、この間の開発が「人間不在の開発」だったからである。戦後、多くの開発途上国に登場した国家・政治システムは開発を志向する開発主義体制（これらは通常「開発独裁」「権威主義体制」と呼ばれている）であり、この体制は人権を抑制し、環境を破壊し続けてきた。人間不在であるがゆえに、国民が飢

i

餓・貧困等で苦しんでいても、彼らは近代化の名の下に工業化・経済開発を推し進めてきた。ここでいう「人間不在の開発」とは、ホモ・サピエンスという人類の生存の否定を指すのではなく、人類の生存を保障する自然環境・人間関係・社会関係など広く地球全体の生命、生態系の破壊を意味する。こうした生命や生態系が市場万能を志向する開発主義によって歪曲され、収奪された結果、飢餓・貧困が恒常化・構造化されてしまったのである。筆者はこうした状況を「人間不在の開発」から一歩進んで「生不在の開発」と呼んでいる。[1]

こうした生不在の開発が加速した要因に、グローバリゼーションが起因していることは言うまでもない。グローバリゼーションとは、ヒト、モノ、カネ、情報等が国境を越えて往来し、相手国の生産・生活様式、価値観などに影響を与えることである。特に今日では、アメリカの社会・経済様式が世界中に拡散している様子を鑑みて、グローバリゼーション＝アメリカナイゼーション、グローバル・スタンダード＝アメリカン・スタンダードとまで揶揄されている。これが他方で、アメリカの価値観の一方的押しつけに他ならず、それに対する反発が9.11同時多発テロにつながったとみる向きもある。

また、こうした戦後の途上国の経済開発に大きな影響を与えてきたのが、先進国社会で生まれた開発経済学という学問である。開発経済学は、途上国の貧困問題を解決するために生まれた学問であるが、事態は逆の方向、すなわち南北格差の拡大を助長してきた、と言ってもいいだろう。

本書は、こうした戦後の途上国の経済開発に果たしてきた開発経済学の功罪を、その時代々々の世界政治・経済・社会問題との関わりと結びつけながら概観することで、どのような歩みをしてきたのか、を整理することを目的としている。また、今日開発経済学は誕生時に目指した課題＝途上国の貧困解決に対してどこまで目的を達成できたのか、を明らかにしようとするものである。さらに、途上国だけではなく先進国も抱えている諸問題＝環境破壊、格差問題、紛争問題等を開発経済学が貢献するためには、新たな地平線を築くことが必要であることを主張している。筆者はこれを、開発経済学の再生としての平和経済学の構築と呼んでいる。

はしがき

　本書は、開発経済学に関する専門書であるが、開発経済学を十分に理解していない読者のために、教科書として使える専門書を目指した。そのために、開発経済学の変遷過程を、その時代の政治・経済・社会状況との関連から読み解き、どのような課題を抱えて発展してきたのかに力点をおいて執筆した。本書の特徴は、どこまで筆者の考え方・各章ごとの内容が理解できたのか、さらには関心を持ってもっと自己学習を進めたいという人のために、各章末ごとに「self study」と「exercise」を設置した。

　「self study」とは、読者の皆さんが各章の内容をさらに深く理解してもらえるように、自分で章末ごとに呈示されている課題を調べることで、より深く理解してもらいたい、という狙いがある。

　一方、「exercise」とは、いわゆる練習問題で、各章ごとの内容の理解を読者自らが考えることで、確かめてもらいたいというものである。そして、実際にどこまで理解できたのかを知ることができるように、本書の出版元である法律文化社のHPに「答え」を載せている。もちろん、「答え」が1つだけであるわけではないが、筆者として理解してもらいたい内容を書いている。この「exercise」の使用方法は、「あとがき」で触れるのでそちらを参考にしてもらいたい。

　さらに、読者の関心・向学心を助けるために、やはり法律文化社のHPの本書のコーナーに「サイバー・レファレンス」も設けた。これは、各章の内容に関連のある諸機関のURLをクリックしてもらえれば、その機関に直接たどり着くというものである。同様に、参考文献についても、そこに掲載しているので、その本を購入したい場合等に役立てて欲しい。

　最後に、本書のサブタイトルである平和のための経済学が、どこまで達成し得たのか、は読者の判断を仰ぐしかない。しかし、これからも開発経済学を探究する学徒として、筆者は平和経済学の構築を求めて研究を続けるつもりである。それが、世界中から飢餓や貧困の撲滅を経済学者として貢献したい、と考えている筆者の責務だと考えるからである。

　1）　郭洋春・戸崎純・横山正樹編著『脱「開発」へのサブシステンス論』法律文化社、2004年、26頁。

目　　次

はしがき

## 第Ⅰ部　開発経済学の生成

### 第1章　開発経済学の今日的課題 ─────2
─南北格差の拡大─

1　経済とは何か　2
2　開発とは何かⅠ─開発概念の歴史的変遷過程（第二次世界大戦以前）　3
3　トルーマンによる開発概念　8
4　開発とは何かⅡ─開発概念の歴史的変遷過程（第二次世界大戦以降）　9
5　開発とは何かⅢ─イリッチによるパクス・エコノミカ「論」　12
6　全知全能の神となった開発主義という思想　14
7　現在の格差社会を作り出した開発競争　15
8　開発を巡る新たな議論─センの開発論　18
9　開発経済学の再生に向けて　20

### 第2章　萌芽期の開発経済学 ─────24
─「東西対立」と「南北対立」の狭間から生まれた開発経済学─

1　2つの課題から始まった戦後世界　24
2　アメリカの世界戦略から生まれた開発経済学─ロストウの5段階発展論　26

3　初期に影響力を増した構造主義——貧困の悪循環論と輸出ペシミズム論　31

4　均衡成長論 VS 不均衡成長論——ヌルクセからハーシュマンへ　34

5　理論と実践の乖離を深めた開発経済学——実践的課題としての不均衡成長論と実践としての均衡成長論　37

## 第Ⅱ部　開発経済学の展開

## 第3章　物的成長から人間の成長への開発経済学――44
― Basic Human Needs アプローチ―

1　戦後初めての長期不況と第三世界運動　44
2　「成長の限界」のインパクト　46
3　新たな開発政策—BHN アプローチ　50
4　BHN アプローチとは　51
5　BHN のメカニズム　54
6　BHN 登場の背景　56
7　BHN アプローチの意義と限界　58

## 第4章　もう1つの潮流としての開発経済学――――62
―従属理論の発展と開発途上国―

1　第三世界運動の高揚と従属理論　62
2　プレビッシュの周辺資本主義論　63
3　フランクによる世界資本主義認識　65
4　アミンの社会構成体論　70
5　ウォーラステインによる世界システム論　73
6　限界を見せる従属理論　79

## 第5章 復活した新古典派経済学 ―――― 83
　　　　　―『OECD レポート』の衝撃―

1　相対的地位が低下したアメリカ　83
2　OECD レポートの衝撃　86
3　NICs の成長要因　87
4　NICs 台頭の持つ意味　94
5　岐路に立つ開発経済学　96

# 第III部　開発経済学の発展

## 第6章 量から質への転換を図る開発経済学 ―――― 100
　　　　　―人間開発・社会開発―

1　人間開発概念の登場　100
2　人間開発とは何か　101
3　人的資本論からBHN、そして人間開発論へ　103
4　『人間開発報告書』の目的　105
5　人間開発から社会開発へ　109
6　新たなパラダイム転換に向けて　120

## 第7章 市場の論理に挑戦する制度派経済学 ―――― 123
　　　　　―社会的共通資本としての制度派経済学―

1　制度派経済学とは　123
2　社会的共通資本とは　125
3　社会的共通資本が対象とする世界　127
4　制度派経済学の課題　131

# 第IV部　開発経済学の再構築

## 第8章　循環の経済学 ——————————— 136

1. 開発経済学の再生に向けて　136
2. 近代社会システムの幻想　137
3. 近代社会システムを問う　141
4. 平和経済学が考える循環　145
5. 循環型社会　147
6. 日本政府が考える循環型社会に向けた3つのシナリオ　150
7. 平和経済学が考える循環　156

## 第9章　地域自立の経済学 ——————————— 158

1. 地域自立の前提としての生命系　158
2. 自立と経済過程　161
3. 地域とは何か　163
4. 地域自立とは何か　164
5. 地域自立を目指す営み　165
6. 地元学の出発点　167
7. 地域学による新たな取組み　168
8. 生命系に根差した地域経済　170

## 第10章　持続可能の経済学 ——————————— 174

1. 今日の環境問題を取り巻く問題　174
2. 持続可能な開発を巡る議論　177
3. 持続可能な開発とは何か　179
4. 持続可能な開発に秘めた問題点　183
5. 成長から発展へ　186

6　持続可能な発展のための経済政策　187
　　　7　平和のための経済学　188

あとがき
参考文献
参考 URL
索　　引

第 I 部

# 開発経済学の生成

# 第1章

# 開発経済学の今日的課題

●南北格差の拡大

## *1* 経とは何か

　図1-1は宇宙から見た夜の地球の写真である。明るい箇所はライトが照らされている地域・国であり、暗い所は夜であるにもかかわらずライトが照らされていない地域・国である。一見してわかるように、地球の上（北）半分に明るさが集中しており、下（南）は全般的に暗い。北に豊かな国が集中し、南に貧しい国が集中しているところから南北問題と言われる所以である。

　人類が宇宙にロケットを飛ばし、宇宙ステーションで生活しようという時代において、1日1.25ドル以下で生活している人が、いまだに14億人いる（世界銀行、2005年）。

　経済の本来の意味は、中国隋朝の『文中子中説』の中にある経国済民という言葉からきており、その意味は「国を治め、民を救うこと」である。そして、経済学とは、人類・国民の経済的安寧と幸福を追求する学問であり、その中にあって、開発経済学は途上国の貧困問題を解決すべく、開発政策の立案に理論的・実証的基礎を提供する学問である[1]。

　後述するように、開発経済学は第二次世界大戦後に生まれた学問であるといっても良い[2]。その主な目的は貧困の撲滅であり、途上国の経済発展であった。しかし、UNDP（United Nations Development Plan：国連開発計画）の『人間

図1-1 宇宙から見た夜の地球

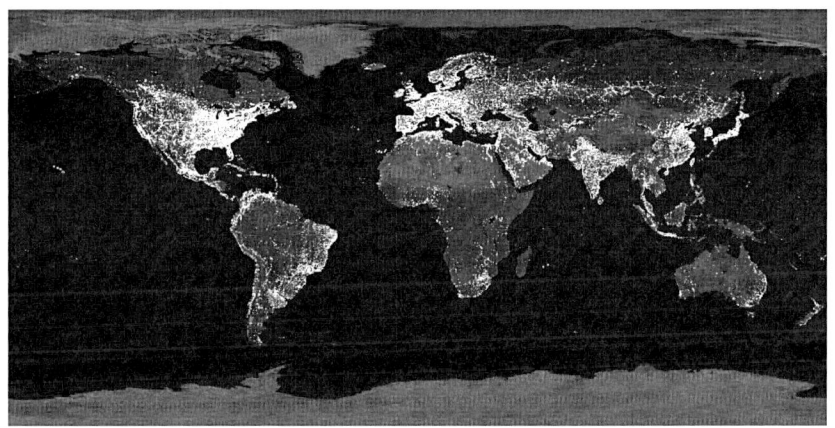

資料：NASA。

開発報告書1999年版』によると、**南北格差**は1820年の3対1から、第二次世界大戦後の1950年には35対1へと拡大し、ついに1992年には72対1へとさらに拡大した[3]。このことは、戦後の世界経済、貿易体制がいかに先進国に有利で、途上国に不利に働いているか、ということを如実に物語っている。さらに、ショッキングだったのは、途上国の貧困解決のために誕生し、それを実践してきた開発経済学が全く目的通り機能してこなかったということである。

## *2* 開発とは何かⅠ─開発概念の歴史的変遷過程（第二次世界大戦以前）

**世界銀行**は、開発は人類が直面する最重要課題である、と指摘している。にもかかわらず、世界を見渡した時、いまだに10億以上の人々、すなわち、世界人口の5分の1弱が、1日当たり1ドル以下で生活しており、この水準は、欧米諸国が既に200年前に到達した水準であると強調している[4]。そして開発の2大目標は、経済成長を加速し、貧困を減らすことにある、と指摘している[5]。また、開発の内容としては、教育の改善、保健と栄養の水準の向上、貧困の減少、清潔な環境、機会均等の拡大、個人の自由の拡大、豊かな文化的生活など[6]

が必要であるとしている。

　しかし今日、我々が当たり前のように使用している development＝開発という言葉は、実は新しい意味概念である。本来生物学などで主に使用されていた development が、今日の使用方法に変貌したのは、第二次世界大戦後であると言われている[7]。

　では、開発のもともとの意味と、それが今日に至るまでにどのような変遷をたどってきたのか。ここではグスタボ・エステバ（Gustavo Esteva）による、development＝開発概念の変遷過程の整理に依拠しながら、この言葉が持つ今日的意味と課題について見てみることにする[8]。

　エステバは、development という言葉は、近代において思想と行動を導く力を持った言葉として、これほど大きな影響力を持った言葉はないと指摘している。生物学で development を使う時は進化を意味し、それは有機体が発生時に与えられた潜在能力を発現していく過程、つまり有機体が、生物学者が予見する存在形態を獲得していく過程をさしていた。その後、チャールズ・ロバート・ダーウィン（Charles Robert Darwin）が『種の起源』を刊行した1859年までの100年間に development は、生物は「固有の」存在形態に向かって変化するという変化の概念から、生物は「さらに完全な」存在形態に向かって変化するという概念に進化した。要するにここでの development とは、進化と置き換え可能な言葉として使われていたのである。

　18世紀の後半になると、この生物学上の比喩が、社会的領域でも使用されるようになった。歴史家であるユストゥス・メーザー（Justus Möser）は、1768年から社会変革を指す言葉として「Entwicklung（発展）」を使った。ヨハン・ゴットフリード・ヘルダー（Johann Gottfried von Herder）は『人類歴史哲学考（"Ideen zur Philosophie der Geschichte der Menschheit", 1784）』の中で、生物の成長の各時期と社会史を比較して、両者に包括的相互関係があることを示し、その関係性を器官学的な development の概念を適用した。彼はその後も、胚の成長をイメージしながら組織形態の development を説明した。調和の取れた一貫した理論体系を作るために自然論と歴史哲学の融合に努め、歴史の development は自然の development の延長上にあり、両者とも神が創造した宇宙の均質的発展の変形にすぎない、と指摘している。

1860年に出版された『教授教育体系百科事典』(*"Encyclopedia of All Systems of Teaching and Education"*) では、development は「人間の持てるものと知識のほぼすべてに適用される」と記されている。

20世紀初頭には development に新しい使い方が広まった。都市環境をある独特なやり方で整備しなおすことを「都市開発」というようになったのである。この都市開発は、機械＝工業生産による空間の均質化を志向し、ハリー.S. トルーマン（Harry S Truman）が考えた development に類似した概念であった。

1930年代を迎えると、1世紀前に確立された development と植民地主義の結びつきが、別の意味を持ち始めた。イギリス政府は1939年に植民地開発法を植民地開発福祉法と改めたが、それは植民地保護論に積極的な意味を与えようとしたイギリス人が、宗主国が先住民に対して最低限の栄養と健康を保証する必要から、生まれたものであった。

以上見てきたように、development＝開発とは、生物学的意味を持った成長、進化、成熟といった意味と共に、人間の潜在能力の発現とその延長上にある社会変革をも意味する概念として発展してきた概念なのである。しかし、この概念は今日我々が耳にする概念とは、かけ離れたものである。では、今日我々が耳にする開発概念の起源はいつであり、それが今日までどのように変遷してきたのか。

1949年1月20日、アメリカ第33代大統領として就任したトルーマンは、大統領就任演説でかの有名な**ポイント・フォー計画**を発表した。その際、彼が援用した "underdeveloped areas" こそ、今日我々が当たり前のように使う「開発」という言葉の起源なのである。彼は、大統領就任演説の中で、アメリカの新たな外交戦略として以下のような演説を行った。

「我々は進歩した米科学と工業の恩恵を低開発地域の進歩と成長に役立たせるため画期的な新計画に着手しなければならない。世界の半分以上の人びと

表1-1 「開発」概念の類型・変遷過程

| | |
|---|---|
| 生物学 | 進化：有機体が発生時に与えられた潜在能力を発現してゆく過程 |
| J. メーザー（1768年） | 「Entwicklung（発展）」：漸進的社会変革 |
| J. ヘルダー（18世紀後半） | 歴史の development は自然のそれの延長上にあり、神が創造した宇宙の均質的発展の変形 |
| K. マルクス（19世紀半ば） | 必然を特徴とする自然法則とともに開花していく歴史的な過程 |
| 「教授教育体系百科事典」（1860年） | 人間の持てるものと知識のほぼすべてに適用 |
| 都市開発（20世紀初頭） | 都市環境を独特なやり方で整備しなおすこと |
| 英国の植民地支配（1930年代以降） | 植民地開発 |
| 20世紀 | アルゴリズム的使用 |
| S. トルーマン | 経済成長—1人当たり所得を伸ばすこと |
| 「第1次国連開発の10年」（1960年代） | 成長に変革をもたらすものであり、変革とは経済的変革であると同時に社会・文化にわたる変革である。それは量的な変革であると同時に質的な変革でもある。何よりも人びとの生活の質の向上である。 |
| 「第2次国連開発の10年」（1970年代） | 開発の社会的側面と経済的側面の統合 |
| ココヨク宣言（1974年） | 物を開発（develop things）することではなく、人間を開発（develop man）することでなければならない。 |
| ブルントラント委員会（1987年） | 持続可能な開発 |
| 「人間開発報告」（1990年代） | 人間開発 |

出典：Wolfgang Sachs ed., *"The Development Dictionary: A Guide to Knowledge as Power"*, Zed Books Ltd., 1992. ヴォルフガング・ザックス編、イヴァン・イリッチ他、三浦清隆他訳『脱「開発」の時代—現代社会を解読するキイワード辞典』晶文社、1996年、21～26頁から筆者作成。

が、今も悲惨な状態で生活している。彼らの食糧は不十分である。彼らは今日の疲弊した社会の犠牲者である。彼らの経済的生活は、未開のままであり、停滞している。彼らの貧困は、彼らにとっても、より繁栄した地域にとっても障害かつ脅威である。

　アメリカの発達した工業的科学技術は、世界中のいかなる国よりも優れてい

る。

　我々が他国の人びとを助けるために使うことができる物的資源には限界があるが、我々の計り知れない科学技術という知識の資源は、不断に増大し尽きることはない。

　我々はアメリカの豊富な知識を平和愛好国民に提供し、彼らの生活改善の希望達成のために役立てなくてならない。そして我々は他国民と協力して開発を必要とする地域に対し資本投資を推進しなければならない。我々の目標は世界の自由国民が自らの努力を通じて食糧、衣類を増産し、住宅を増築するのを援助し、彼らの負担を軽減するための力学的力を増やすことである[9]」。

　トルーマンによって、ポイント・フォー計画が立案された背景には、西欧諸国の復興を目的とした**マーシャルプラン**、ギリシャとトルコの援助を目的としたギリシャ＝トルコ援助計画の延長線上で途上国をも援助するということがあった。しかし、これらのプランが緊急援助であるのに対し、途上国に対しては技術的援助を継続して行い、これら諸国を強力な自由主義国に再編しようという点に、新しさと違いがある。トルーマン自身、「世界の歴史上いまだかつて提案されたことのない大胆な考え方」と述懐している[10]。なぜなら、ポイント・フォー計画は、規模が全世界的なものであり。過去のアメリカの経済発展に際してイギリス、オランダ、ドイツ、フランスなどの外国からの投資によってなされた経験・実装された技術上の情報を共有することによって、途上国自らが開発するのを永続的に援助しようという計画だからである。具体的には、アメリカが（世界に先駆けて）有している資本と技術知識を途上国で活用するために、アメリカが途上国に技術援助を行い、現地の人々が少数の資本をアメリカから得て、途上国自らの資源を開発する。主な費用は、アメリカの技術者の現地教育費用である。これらを通して、後進開発地域の人々の生活水準を向上させ、世界全体の繁栄と平和を打ち立てようというものである[11]。

　この大統領就任式のポイント・フォー計画以降、アメリカの対途上国戦略は、援助を通した開発に主眼がおかれ、それを理論的政策的に支える学問として開発経済学が誕生したのである（表1-1）。

第Ⅰ部　開発経済学の生成

## 3　トルーマンによる開発概念

　このトルーマンによる新たな開発概念の付与は、今日多くの功罪をもたらしている。それは、途上国の窮状＝貧困を解決するための手段が開発であると位置づけ、それを実行するために開発戦略が必要であるということを、全世界の人々に植えつけたことである。その結果、開発は資本主義国の社会科学におけるテクニカル・タームとして確立されたのであり、トルーマン政権による新たな政策の発表は、開発経済学が登場する中で、アメリカにおいて社会科学の全く新たな語形変化を生みだした。フォード財団やアメリカ国務省などの組織から何百万ドルという資金が近代化・開発研究に注ぎ込まれた[12]。

　一方、時を同じくして国際連合でも、途上国の開発の問題が目標として盛り込まれた。

　「人民の同権及び自決の原則の尊重に基礎をおく諸国間の平和的かつ友好的関係に必要な安定及び福祉の条件を創造するために、国際連合は次のことを促進しなければならない。

　a．一層高い生活水準、完全雇用並びに経済的及び社会的な進歩及び発展の条件

　b．経済的、社会的及び保健的国際問題と関係国際問題の解決並びに文化的及び教育的国際協力」（国連憲章第55条（国際協力の目標）

　ここで言われている development ＝発展とは、生活水準の向上であり、人々を全員養うための完全雇用である。従って、戦後の世界経済はアメリカの世界戦略からも、また国連の目標としても経済成長こそ、発展＝development の目的であるとし、そのための経済政策を立案・実行することになったのである。

## 4 開発とは何かⅡ―開発概念の歴史的変遷過程（第二次世界大戦以降）

では、トルーマンの演説以降今日まで、development はどのような概念として使われてきたのか。シャルミラ・ジョシ（Sharmila Joshi）は development の歴史を次のようにまとめている[13]。

**【1950年代】**：当初、開発とは1947年の国連憲章の中で、経済成長こそ唯一の目標と見なされた。その最大の関心は工業化と GNP（Gross National Product：国民総生産）の成長であった。

**【1960年代】**：「**社会開発**」という表現が、国連レポートで紹介された。1962年、国連経済社会理事会（United Nations Economic and Social Council：ECOSOC）は、開発における経済と社会の統合を提唱した。また1961年の国連総会で「**第1次国連開発の10年**（United Nations Development Decade Ⅰ）」が決議された。「開発とは、経済成長に加え社会的、文化的、経済的変革である」と、強調した。その中で、「低開発国にとって、成長だけではなく、開発も大きな問題である。開発とは、成長に変革を加えたものであり、変革とは、経済的変革であると同時に、社会・文化にわたる変革である。それは量的な変革であると同時に質的な変革でもある。開発のコンセプトは、何よりも人々の生活の質的向上でなければならない」[14]とし、具体的目標として、開発途上国の目標成長率を年平均5％と設定した。この中でも、開発は様々な段階を経て進められる経済成長の道であると定義、認識され、「統合」が社会的側面と経済的側面を結びつけるスローガンとなった。この時期、途上国の実質経済年平均成長率は、5.6％で、目標を上回った。

一方で、多くの課題も散見されるようになった。不完全就業者の増大、貧困階層の拡大、地域間格差、対外収支不均衡の拡大などがそれである[15]。

それにもかかわらず、開発は異なる段階を経る経済成長であるという考えが依然としてなおも続いた。1960年代後半には不平等状態は継続し、開発の専門家は「開発」という考え方は変わらなければならないと認識するようになった

のである。

**【1970年代】**：開発という経済的定義による束縛からの反乱。世界銀行（当時の総裁はロバート・ストレンジ・マクナマラ（Robert Strange McNamara））は、高成長率は「第１次国連開発の10年」における開発において満足できる進歩をえられず、1970年代は経済的指標を乗り越えなければならないと主張した。これは「GNPの退位」であった。

1970年10月の国際開発戦略は、グローバル戦略と呼んだ。さらに国連決議は、社会的経済的側面を完全に統合するために開発と計画への統合されたアプローチを求めた。すなわち、「社会的公正」、「人間の潜在能力」、「人口のすべてのセクション」、「構造変化」がキーワードとなった。それは分野横断的統合と「**参加型発展**」と呼ばれるものであった。続く1971年に始まった「第２次国連開発の10年」は、「第１次国連開発の10年」よりもさらに野心的な開発目標を提示した。それは1969年のピアソン報告[16]、1970年のティンバーゲン報告[17]によって提唱された北側先進国により南側への資金協力、技術協力の拡大を基調として目標経済年平均成長率を６％に設定し、１人当たり国内総生産の年平均成長を新たに3.5％と設定した[18]。

しかし、1970年代は1971年の**金・ドル交換停止**、1973年の**固定相場制**の**変動相場制**への移行と第四次中東戦争、1974年からの石油価格の急騰。これらが複合化しての**スタグフレーション**[19]の発生による世界同時不況、1978年による再度の石油ショックなど、世界経済全体を巻き込んだ諸問題の顕在化は、1960年の好景気から一転して景気停滞をもたらし、途上国経済にも多大な影響を与えることになる。東アジアの途上国は躍進する一方、サハラ以南のアフリカ諸国は絶対的貧困から抜け出せず、中南米・カリブ海諸国は累積債務の急増と経済成長の大幅な鈍化に直面した。その結果、1970年代の開発実績は、GDP（Gross Domestic Product：国内総生産）5.3％、１人当たりGDP2.8％、農業生産3.0％、工業生産6.7％といずれも第２次国連開発戦略の目標値を下回った。さらに、1960年代に未解決の問題であった失業問題、貧困問題、都市・農村間の所得格差、累積債務問題等に加え、就学児童の不就学率の上昇、都市犯罪の激

化、貧富の格差、熱帯雨林の激減等の破壊、財政赤字の増大等も顕在化したのである。[20]

　以上のように、「第2次国連開発の10年」は成功しなかった。にもかかわらず、この考えは続く数10年間の議論を勇気づけた。さらに、開発に対する多様性と異なる方向性を強調した1974年のココヨク宣言、「もう一つの開発」（ダグ・ハマーショルド財団）と呼んだ1975年の宣言へと続いた。

　1976年には、ILO（International Labour Organization：国際労働機関）が「雇用、所得分配および社会的進歩に関する会議」を開催し、今世紀の末までに、最低生活水準の達成を目的とするBHN（Basic Human Needs：基本的人間のニーズ）アプローチを提案した。

　ユネスコ（United Nations Educational, Scientific and Cultural Organization：国際連合教育科学文化機関）は、生活のあらゆる側面を含む総合的多角的諸関係の過程として開発を統合することを主張した。ユネスコは、工業化社会を形式的に模倣する必要性や可能性を拒否する内発的発展という概念を推し進めた。しかし、世界のこの唯一のモデルにしようとする困難さは、開発という概念を溶解させてしまい、停滞を余儀なくされたのである。

【1980年代】：この時期は、「**開発の失われた10年**」と呼ばれているほど、途上国は経済的に混乱し、有効な経済政策・援助をすることができなかった時期である。グローバルな経済的変化と構造調整（自由主義）が支配する状況は決して「進歩」を意味しなかったのである。

【1990年代】：新たな開発のエートスをもたらした。持続可能な開発という考え方がそれである。これは「開発」それ自体を持続させる戦略なのか、あるいは地球に大きな負荷をかける開発をせず、環境を持続させる戦略なのか、のいずれとも理解することができる。

　またUNDP（United Nations Development Plan：国連開発計画）は1990年に、経済的、社会的福祉を結びつける複合的指数として**人間開発指数**（Human Development Index：HDI）を考案した。この人間開発指数の測定は、生産ではなく、人間のニーズから始まるように開発に関する議論を関連づけた。この意見

## 第Ⅰ部　開発経済学の生成

**図1-2　「開発」概念の変遷過程**

経済成長（1950年代）
↓
社会開発（1960年代）
↓
参加型開発（1970年代）
↓
「失われた10年」
↓
持続可能な開発・人間開発（1990年代〜）

筆者作成。

によると、国による開発に対する疑問は、経済か生産性成長についてではなく、貧困、失業、不平等のもとで何が起こっているのか、である。ここで、政治制度は重要な介入主義的役割を果たす。政治的支配は不平等を早く正すのに役に立つに違いない。1990年代は、「国際的に比較可能なレベルでの収奪」によって達成のレベルを測定するUNDPの『人間開発報告書』が現れた。これは、最も成功した国家のケースと他の国を比べて、どれくらい違うのかを判断するといいうものである。

以上の開発概念の歴史からも分かるように、当初経済成長（量的規模の拡大）から始まり、次第に社会との統合、人間の潜在能力の向上・顕在化から、自然と人間との調和に基づく持続性を目的とした開発へと変化・進歩してきている（図1-2）。

しかし、ここから読みとれる開発の本質＝市場を媒介にした経済活動の活性化は依然としてその根底に根付いている。言い換えれば、持続可能な開発であれ、社会開発であれ、市場そのものは維持品が、それとどう付き合っていくのか、あるいは市場に参加できる人間をいかに形成していくのか、という市場に親和性は何ら変わっていない。それについて、イバン・イリッチ（Ivan Illich）は以下のように指摘している。

## 5　開発とは何かⅢ—イリッチによるパクス・エコノミカ「論」[21]

「平和」は今日では「**パックス・エコノミカ**」（経済に人間が隷属することにより得られる平和）と同義語と見られている。国際連合の創設以来、平和は徐々にdevelopment（開発）と結び付けられてきた。要するに、平和は開発と組み合わされたことにより、平和は開発によって達成されるという通念ができてし

第1章　開発経済学の今日的課題

まったのである。その結果、平和の追求とは開発の達成に他ならないという主張が、自明の理として世の中に定着してしまった。西側（資本主義陣営）も東側（社会主義陣営）も第三世界も開発が必要だとする点では一致してしまっている。その結果、「開発」という言葉は一種の特別席を確保してしまった。自由、平等、民主主義という19世紀的理想と同じクラスに仲間入りしてしまったのである。

　しかし、1970年代になって、開発のいくつかのコスト（外部不経済）が注目されるようになった。エコロジーの問題がその典型である。理論上も、実際も開発とは**サブシステンス**（民衆が自分たちに特有の文化を維持していくのに必要な最低限の物質的・精神的基盤）志向型だったそれぞれの文化が変容し、一つの経済システムに統合されることを意味している。開発とは、市場がサブシステンスの充実を目的として展開されていた民衆の営みを圧殺しながら、その活動範囲を世界の隅々にまで押し広げていくことに他ならない。すなわち、財やサービスの交換がゼロサム・ゲーム[22]という前提で行われるような経済部門が徐々に拡大していき、そのために他のあらゆる形の伝統的な財やサービスの交換が圧迫されていくことに他ならない。従って、開発が進むと、あらゆる領域であらゆる形の民衆の平和が奪われ、代わりにパックス・エコノミカが人間の活動の目標として押しつけられることになる。まして、それぞれの文化が独自の人間観に基づいて並立する状態など、価値観の多様性などは認められなくなるのである。この新しい種類の平和は、あらゆる人々を社会的組織に組み込んでしまおうとする性質を持っている。ここでその組織化の目標になっているのは、あらゆる人間が一つのユートピア建設になるべく尽力できるような状態を作ることなる。そしてそのユートピアとは、人間は何よりも経済的動機によって動くものであり、また人間はすべて同じものであり、個性などないという人間観に基づいて組み立てられている。これこそ、20世紀後半から世界中を席捲し始めている**グローバリズム**であり、市場こそ最大の価値規範であるとする**新自由主義**に他ならない。パックス・エコノミカとはゼロサム・ゲームを保護するものであり、それは一方が利益を得ると、相手方は必ずその分の損害を被るという状

態を作り出す。開発という名で起こっている現象の正体は、ゼロサム・ゲームが、それが賄う範囲を拡大していくことに他ならない。逆にいえば、開発とはゼロサム・ゲームに合わないような財・サービスの交換が行われているのを見つけたら、それがいかなる形で行われているものであっても、これをことごとく圧殺していくということである。

　イリッチが指摘するように、開発とは多様な市場を一つに統合し、また十分に市場が成熟していない途上国には市場を形成することを強要し、個人、地域、社会、企業など国家を構成するあらゆる構成員が市場を中心に行動することを求めるということなのである。そして、開発こそ平和実現の唯一の道であると喧伝され、誰もが疑う余地のないものとして、今日まで先進国はもちろん、途上国の貧困解決のための重要な政策として跋扈してきたのである。これこそ、今日の世界で誰もが信じて疑わない唯一絶対の価値観である開発主義なのである。

## 6　全知全能の神となった開発主義という思想

　今まで見てきたように、戦後の経済発展を量的規模の拡大＝GDPの増大こそ、最も重要な価値観であると考えられてきた。この、GDP至上主義こそ**開発主義**と呼ばれる戦後の経済学・開発経済学が追究、目指してきた価値観である。では、このまま開発を継続すると、どのような現象・社会が招来するのか。すなわち、開発に終わり＝ゴールはあるのか、ということだ。そもそも開発は競争を前提としている。なぜなら、開発の目的は他者と比較して自らの地域・社会・国家が遅れていると認識するところから、それらに追いつき・追い越すというところから始まるからである。他方、モデルとされる地域・社会・国家は常に先頭ランナーとしてそのポジションを死守するために、さらなる開発に突き進むことになる。従って、競争とは相対的なモノなのである。相対的なモノであるがゆえに絶対的価値判断がない。相手が常に自分たちより豊かな生活をしていると思えば、逆に自分たちは劣っているということになる。従っ

て、常に、他者との比較の中で自らの優劣を確認し続けるということになる。すなわち、競争には終わりがないのである。競争社会から離脱した瞬間、そこに待ち受けているのは、敗者というレッテルなのである。そして最終的（開発の途中でも）には、競争には勝ち組と負け組が出る。なぜなら負け組がいてこそ勝利を確信することが出来るのであり、そこから利益を得ることができるからである。すなわち、競争とは敗者・格差がいて（あって）こそ、利潤を最大化することができるのである。要するに、資本主義が資本主義である限り、格差・不平等は決してなくならないということだ。従って、前述したように戦後、開発経済学が途上国の経済発展のために様々な経済政策を立案・実行してきたにもかかわらず、格差を拡大させてきたのは、競争を前提とした開発政策を遂行してきたからに他ならない。

　しかし問題は、この開発主義＝GDP至上主義が近代化、工業化と一体となることで、誰も疑う（否定する）ことなく、現在まで来ていることだ。逆に、開発を否定すること＝世の中を否定することと見なされ、白眼視されてしまうことだ。挙げ句の果てには、競争社会の中で自らが勝利することが個人・社会の人生観・世界観の中心になってしまい、そのため多少の不正を犯してでも、他人を蹴落としてでも勝利しようとし、従来の人間社会にあった、信用・信頼関係が希薄化してしまうことだ。ここにこそ、開発主義の強固性がある。

## 7　現在の格差社会を作り出した開発競争

　2008年の世界最大の売り上げを上げた企業は、ウォルマートで3787億ドルであった[23]。これは世界のGDPランキング25位のオーストリアの3770億ドル（2007年）を上回る売り上げである[24]。ちなみに企業ランキング500位のFluor（売り上げ167億ドル）でも、95位のタンザニア（GDP162億ドル）を上回っている。一国のGDPを上回る売り上げを挙げている企業が優に500を超えるというのは、健全な社会といえるのか。

　問題は、資本主義社会では誰もがそう（富者）になれる可能性があると喧伝

され、そのためには競争社会で勝ち抜くことが必要であると思い込んでいることだ。これこそ前述した開発主義の強固性の本質なのである。

　さらに、国連大学世界開発経済研究所（World Institute for Development Economics Research of the United Nations University：UNU-WIDER、本部：ヘルシンキ）によると、世界の成人人口のうち最も豊かな上位１％が個人総資産の40％を保有する一方、下位50％が保有する資産は全体の１％にとどまるとのことである。この上位１％に属する人々の約９割は北米、日本、欧州の主要先進10カ国に居住しているとのことである。同研究所によると、2000年の世界の個人総資産は125兆ドルで、世界のGDP合計の約３倍相当で、そのうち上位10％の富裕層は個人資産の85％を保有している。また、上位１％に属する人の居住国はアメリカ（37％）と日本（27％）が特に多く、イギリス（６％）、フランス（５％）、イタリア、ドイツ（各４％）、カナダ、オランダ（各２％）などである。[25]

　これを裏づけるのが、世界の10大富豪の資産である（表1-2）。この表からも分かるように、2008年の個人資産１位は13年連続１位のウィリアム・ヘンリー・ゲイツ３世（William Henry Gates III；通称ビル・ゲイツ）を抜いて、ウォーレン・バフェット（Warren Buffett）がトップに躍り出た。その資産総額は、620億ドルで、これはGDP世界60位のアンゴラのそれ（約585億ドル）を上回る金額である。個人の資産が一国のGDPを上回る資産を植民地時代のような帝国主義時代ではなく、合法的経済活動で獲得することができる時代がグローバリゼーションの時代なのである。

　ここでわれわれが注意しなくてはならないのは、我々は世界一の富豪の名前は知っているが、世界で最も貧しい人のことは分からないということだ。従って、我々の関心は世界のセレブの動向にはあるが、不特定多数の貧者のことは、想像しようにも臨場感を持って想像することができない。現在の経済・社会システムは上（＝豊かさ）を求めることは認められるが、貧しさ（＝貧困）について、振り返る必要はない（許されていない）ということである。

　なぜ、南北の所得格差＝南北問題は解決しないのか。それは、大きく経済的問題と政治的問題に分けて考えることができる。経済問題とは、本書の主題で

表1-2　世界の10大富豪（2008年）

| 順位 | 名前<br>（カナ読み） | 会社名など | 年齢 | 国籍 | 住所 | 資産<br>単位：10億ドル<br>（約1030億円） |
|---|---|---|---|---|---|---|
| 1 | Warren Buffett<br>（ウォーレン・バフェット） | 投資家 | 77 | アメリカ | アメリカ | 62.0 |
| 2 | Carlos Slim Helu & family<br>（カルロス・スリム） | テレフォノス・デ・メヒコ（電話会社） | 68 | メキシコ | メキシコ | 60.0 |
| 3 | William Gates III<br>（ビル・ゲイツ） | マイクロソフト（ソフトウェア） | 52 | アメリカ | アメリカ | 58.0 |
| 4 | Lakshmi Mittal<br>（ラクシュミ・ミッタル） | ミッタル・スチール（鉄鋼会社） | 57 | インド | イギリス | 45.0 |
| 5 | Mukesh Ambani<br>（ムケシュ・アンバニ） | リライアンス・インダストリーズ（石油など） | 50 | インド | インド | 43.1 |
| 6 | Anil Ambani<br>（アニル・アンバニ） | リライアンス・インダストリーズ（石油など） | 48 | インド | インド | 42.0 |
| 7 | Ingvar Kamprad & family<br>（イングヴァー・カンプラッド） | イケア（家具小売） | 81 | スウェーデン | スイス | 31.0 |
| 8 | KP Singh<br>（KPシン） | DLF（Delhi Land & Finance, 不動産） | 76 | インド | インド | 30.0 |
| 9 | Oleg Deripaska<br>（オレグ・デリパスカ） | ルサル／ロシア・アルミニウム（アルミニウム） | 40 | ロシア | ロシア | 28.0 |
| 10 | Karl Albrecht<br>（カール・アルブレヒト） | アルディ（スーパーマーケット） | 88 | ドイツ | ドイツ | 27.0 |

資料：*"FORBES"*, http://www.forbes.com/home_usa/

ある、開発経済学の果たしてきた役割が、途上国の貧困問題の解決に必ずしも有効に働いてこなかったという問題である。この点については、第2章以降で詳しく述べることにする。次に、政治的問題であるが、谷口は以下の四つの問題があると指摘している。第1に、南北問題は、その発生時より政治的性格を帯びた問題だということだ。「南北問題」提唱者のオリバー・フランクス（Oliver Franks）がこの言葉を使用したのも、東西問題との対比からであり、ジョン・フィッツジェフルド・ケネディ（John Fitzgerald Kennedy）大統領が「国

連開発の10年」を提唱したのも、理想主義・人道主義の観点以上に、国連に新規に加盟した途上国を西側陣営に引き留めておくための政治的背景があったと考えられる。また、他の西側先進諸国も同様である。一方、途上国の側も、南北問題の解決を純粋な経済的諸問題ととらえる以上に、国連という国際舞台で旧植民地宗主国に自らの要求を突きつけるという政治的意味合いが強かった。

第2に、途上国は南北問題解決の目標を常に、先進国より高い数値目標を掲げることで、格差の縮小を図ろうとした。確かに一部の途上国は数値目標をクリアしたが、クリアできない多くの途上国の間では、数値目標が達成できない理由を、自国の経済構造・経済政策の未熟さに求めるのではなく、現行の世界経済体制・貿易体制に求めるなど、政治的要求へと結びつくことになった。

第3に、上記2を達成するために、途上国の意見・要求が通る国際機関の設立を求めた。1964年のUNCTAD (United Nations Conference for Trade and Development：国連貿易開発会議) がそれであり、1974年のNIEO (Declaration on the Establishment of a New International Economic Order：「新国際経済秩序樹立に関する宣言」) がそれにあたる。これらの樹立を通し、途上国の要求は次第に国際社会における政治的発言権の強化へと流れていったのである。

第4に、南北問題解決のための交渉が、常に南側からの要求に対して、北側がいかに応えるか (あるいはいかに拒否するか) に終始し、その交渉はかなりハードなものになった (タフ・ネゴシエーション)。従って、南北問題を論じること自体、政治的駆け引きが常に必要とされたのである。[26]

従って、数多くのアクターがかかわる国際舞台において、南北問題を議論すること自体、各国の利害関係はもちろん、南北双方の駆け引きが繰り返し行われ、それは次第に政治問題へと昇華していき、その結果、政治力学が問われることになり、解決困難な問題へと変質していくことになった。

## *8* 開発を巡る新たな議論——センの開発論

今まで見てきた、開発概念をさらに発展させた議論として、アマルティア・

セン（Amartya Sen）の「自由としての開発（Development as Freedom）」論がある。センは、開発とは、人びとが享受する様々な本質的自由を増大させるプロセスであると見て、自由としての開発は、従来のGNPの成長、個人所得の上昇、工業化、技術進歩、社会的近代化などと同一視する開発論より広い概念として位置づけている。開発の目的は、貧困と圧政、経済的機会の乏しさと制度に由来する社会的窮乏、公的な施設の欠如、抑圧的国家の不寛容あるいは過剰行為などの不自由の主要な原因を取り除くことである。なぜなら、現代世界は前例がないほど豊かになっているにもかかわらず、膨大な数の人びとに対して基本的な自由を与えていないからである。また、時として本質的な自由の欠如は、経済的貧困に直接関係がある。例えば、飢えを満たし、十分な栄養を摂取し、直すことのできる病気の治療を受ける自由や、必要な衣料を身にまとい、雨露をしのぐ住居を得、清潔な水や衛生施設を享受する機会を人びとから奪う、等である[27]。

さらに、自由は以下の理由で開発の過程にとって何よりも重要である、と指摘する。第1に、進歩の測定は、人びとが持つ自由が強化されたかどうか、という評価に関わる理由である。前述したように、経済開発の結果、人びとがどれだけ自由を獲得したのか、ということである。逆に言えば、自由を獲得していなければ、その開発過程は不十分だということになる。第2に、開発の達成は人びとの持つ自由な力に依存しており、その場合、異なった種類の自由がお互いを強化するような相互連関性があったのか、という効果に関わる理由である。言い換えれば、適切な社会的機会を与えられれば、個々の人間は自分の運命を効果的に構築し、互いに助け合うこともできるのである[28]。

従って、開発とは相互に関連する本質的自由が一体となって拡大していくことである。すなわち、様々な自由は開発の基本的な目的であるだけではなく、逆に自由は開発の主要な手段なのである[29]。

開発の目的は、それによって影響を受ける人たちは実際にどのような自由を享受するかという評価に関係する。自由の考え方は、開発の目的と手段にとって中心にならなりればならず、人間は機会を与えられれば、自らの運命の形成

に積極的に関与できるのである。そのために、経済的便益、政治的自由、社会的機会、透明性の保証、保護の保障などの制度が確保（＝自由化）されている必要がある。[30]

　これらの自由が獲得されてこそ、また獲得されているかどうかにより開発が達成されたかどうかが判断できるのである。

## 9　開発経済学の再生に向けて

　今まで見てきたことからも分かるように、成長こそ経済発展であると信じて競争社会を突き進む開発主義では、決して途上国の経済発展を達成することはできないばかりか、南北格差も拡大する一方である。従って、今我々に求められているのは、開発主義に代わる新たな価値観を打ち立て、「脱」開発社会を切り開いていかなければならない。そのためにも、開発のあるべき姿を提示しなければならない。そのためには、第1に、GDP至上主義からの脱却を果たし、第2に、開発主義に代わる新たな価値観を提示し、第3に、物質中心社会に代わる新たな社会を構築しなければならない。それに必要な視点とは、①他者との違いを許容できるか、②他者との違いを尊重できるか、③違う他者と共存できるか、ということである。この視点の含意は開発主義の問題点である価値観の単一化＝経済成長こそ唯一の価値という考え方から脱却し、多様性・平等性を確保する、ということである。そのためには、グローバルな経済・社会システムではなく、ローカル、リージョナルな経済・社会システムの再構築が必要である。要は、"think globally, act locally" ということだ。そのための具体的方法については、後段で詳しく述べることにするが、いずれにせよ「開発」「開発経済学」が本来の目的から逸れてきたのは確かである。しかし、20世紀後半から今日にかけて、世界経済を取り巻く環境は大きく変わった。地球温暖化、食糧危機、人口増大、エネルギー危機等が従来の量的成長に警鐘を鳴らし始めている。

　その結果、開発経済学はいま大きな岐路に立たされているといっても過言で

はない。次章以降では、開発経済学の今日に至るまでの変遷過程を振り返りながら、開発経済学が抱えている課題を明らかにし、筆者が考える開発経済学の再生＝**平和経済学**の構築について見ていくことにする（詳しくは第8章以降）。

〈注〉
1) 渡辺利夫・佐々木郷里編『開発経済学辞典』弘文堂、2004年、51頁。
2) 正確には、第二次世界大戦以前から存在しているが、今日のような貧困解決を目的に、開発を推し進めるための理論として体系立ったのは、第二次世界大戦以後である。
3) UNDP, *"Human Development Report 1999 : Globalization and Human Development"*, 1999. UNDP『人間開発報告書1999：グローバリゼーションと人間開発』国際協力出版会、1999年、50頁。
4) The World Bank, *"World Development Report : The challenge of development"*, Oxford University Press, 1991, p1. 世界銀行・国際復興開発銀行共編、世界銀行東京事務所訳『世界開発報告：開発の課題』イースタン・ブック・サーヴィス、1991年。
5) The World Bank, *"World Development Report 1978"*, 1978, piii.
6) 世界銀行（1991）、前掲書、3頁。
7) Wolfgang Sachs ed., *"The Development Dictionary : A Guide to Knowledge as Power"*, Zed Books Ltd., 1992, pp8-9. ヴォルフガング・ザックス編、イヴァン・イリッチ他、三浦清隆他訳『脱「開発」の時代―現代社会を解読するキイワード辞典』晶文社、1996年、18頁。イヴァン・イリッチ「暴力としての開発」坂本義和編『暴力と平和』朝日新聞社、1982年、12頁。拙著「冷戦構造の本質と世界経済―アジアの開発と開発主義」涌井秀行・横山正樹編『ポスト冷戦とアジア』中央経済社、1996年、4頁。
8) ヴォルフガング・ザックス編イヴァン・イリッチ他、同上書、21〜23頁。
9) http://avalon.law.yale.edu/subject_menus/inaug.asp
10) Harry S. Truman, *"Years of trial and hope"*, Doubleday, 1956. H. S. トルーマン、堀江芳孝訳、加瀬俊一監修『トルーマン回顧録Ⅱ』恒文社、1992年、175頁。
11) 同上書、176頁。
12) C. Douglas Lummis, *"Development is Anti-Democratic"*, Kasarinlan, Vol6, No3,1$^{st}$ Quarter, 1991, p43r.
13) Sharmila Joshi, *Dictionary of Development. : A Brief History of Develop-*

*ment* を要約したものである。
http://www.infochangeindia.org/devp_dictionary_03.jsp
また、別訳としては、井上英晴「地域福祉と地域開発」鳥取大学『地域学論集』第3巻第2号、2006年を参照のこと。

14) ヴォルフガング・ザックス前掲書、21〜26頁。
15) 広野良吉「国際連合と国際開発戦略の変遷」財団法人日本国際問題研究所『国際問題』8月 No. 365、1990年、38頁。
16) マクナマラ世界銀行総裁（当時）の要請に基づき、ピアソン元カナダ首相を委員長に7人の委員が作成した、1970年代の開発戦略に関する報告書。1969年の世界銀行・IMF 年次総会で公表された。
17) オランダの経済学者ティンバーゲンを中心に、国連開発計画委員会が1970年代の開発のあり方に関してまとめた報告書。
18) 同上書、38頁。
19) スタグフレーションとは、stagnation（停滞）、inflation（インフレーション）の合成語で、経済活動の停滞（不況）と物価の持続的な上昇という相反する経済現象が共存する状態のこと。
20) 広野前掲書、40〜41頁。
21) 1980年12月に横浜市で開催されたアジア平和研究国際会議でのイリッチの基調報告（後に「朝日ジャーナル」1981年2月27日号全文が掲載されたが、さらにその後坂本義和編『暴力と平和』（朝日新聞社）に改訂稿として収録）から、彼が考える平和と開発の問題を引用している。
22) ここで、イリッチが指摘するゼロサム・ゲームとは、誰かが利益を獲得するためには、他の誰かにその分だけ損害を負わせる必要があるような状況下で行われる営みのことである。
23) *"FORTUNE 2008"*
http://money.cnn.com/magazines/fortune/global500/2008/full_list/
24) World Bank, http://siteresources.worldbank.org/DATASTATISTICS/Resources/GDP.pdf
25) 「朝日新聞」2006年12月6日付。
26) 谷口誠『南北問題―解決への道』サイマル出版会、1993年、60〜65頁。
27) Amartya Sen, *"Development As freedom"*, Alfred A Knopf, Inc, 1999. アマルティア・セン、石塚雅彦訳『自由と経済開発』日本経済新聞社、2000年、1〜2頁。
28) 同上書、2頁。
29) 同上書、3頁。

30) 同上書、57頁。

### self study
① IMF や GATT、世界銀行など国際的機関設立の背景などを各国の立場の違いなどに留意しながら、調べてみよう。
②アメリカの戦後の対外援助計画を整理してみよう。

### exercise
①発展と開発の違いは何か、について考えてみよう。
②開発がもたらす問題点について、まとめてみよう。

# 第2章

# 萌芽期の開発経済学

● 「東西対立」と「南北対立」の狭間から生まれた開発経済学

## *1* 2つの課題から始まった戦後世界

　第2次世界大戦後の世界は、2つの「復興課題」と2つの「対立」を解決することを主要課題として出発した。2つの「復興課題」とは、西ヨーロッパ諸国と日本という、いわゆる先進国の戦後復興と、長きにわたって帝国主義諸国によって植民地化されてきた途上国の政治・経済的独立・発展（＝植民地体制からの解放・復興）という課題である。[1]

　前者の課題を解決するために、1944年の**ブレトンウッズ協定**によって設立された国際復興開発銀行（the International Bank for Reconstruction and Development：IBRD、現在の世界銀行グループ）や第2次世界大戦で被災したヨーロッパ諸国の復興のために、1947年に国務長官ジョージ・キャトレット・マーシャル（George Catlett Marshall）が提唱した「欧州復興計画」（European Recovery Program：ERP、通称「マーシャル・プラン」）や日本・ドイツなどの占領地域の復興のために1947年から始まったガリオア資金（「占領地域救済政府資金」Government Appropriation for Relief in Occupied Area：GARIOA）、一部が途上国の復興にも使用された1949年のエロア資金（「占領地域経済復興資金」Economic Rehabilitation in Occupied Area Fund：EROA Fund）等が計画・設立された。

　一方、もう1つの復興課題である植民地諸国の政治的・経済的独立のため

に、特に経済的自立のために求められたのが、先進国からの経済援助であり、経済開発政策であった。

　第2次世界大戦後の2つの「対立」とはソ連を中心とした社会主義陣営（東側）とアメリカを中心とした資本主義陣営（西側）との政治・イデオロギー的・軍事的対立を意味する「**東西対立**」のことであり、もう1つの対立とは1959年、当時のロイド銀行総裁であったオリバー・フランクス[2]が初めて使用したと言われている、先進国（北側）と途上国（南側）との所得格差・経済格差を意味する「**南北対立**」である。彼は、かつては東西問題が支配的であったが、今やそれと同じくらい南北問題も重要になった、と主張した。南北問題は東西問題と結びつけて考えられているが、それは南の後発途上国並びに開発途上国——ラテンアメリカ、アフリカ、中東、南アジア、太平洋の大きな島々であれ——に対する北の工業先進諸国との関係性の問題である。たとえ12年前の世界の均衡が西欧の復興に注がれていたとしても、今や工業化しつつある南に対する工業化した北との正しい関係に注がれるべきである。もし我々が西側世界においても、北米においても、ヨーロッパにおいても、東西問題と南北問題という2つの要因とも解決しようとするならば、その時は我々の経済的強さがそれを遂行するのに相応しいというのが、本質である。これは、かつて我々が持っていたよりも我々の共同体で故意に成長ダイナミックな観点を意味する。我々は母国で生活水準を向上させるための需要、防衛の必要条件、世界の均衡が我々に対して決定的な独立かつ同等の問題である。「今や世界の中心問題は、これまでの東西問題から転じて南北問題に移ったのであり、従って資本主義諸国は南の世界、すなわち低開発国の開発に対する援助をその対外政策の要とすべきである。」と発言した。さらに、南北問題の本質として、南の国々は元々貧困であったわけではなく、発展の機会を奪われ、強制的に現在の南北格差を生成・助長する世界経済体制の構造に組み込まれ、維持させられ、低開発化させられてきたことにある。従って、南北問題とは、格差を生み出す関係・構造の問題である、と主張した。（図2-1）彼の演説以降、世界では南北問題（対立）が東西問題と並んで早急に解決しなければならない課題となったのであ

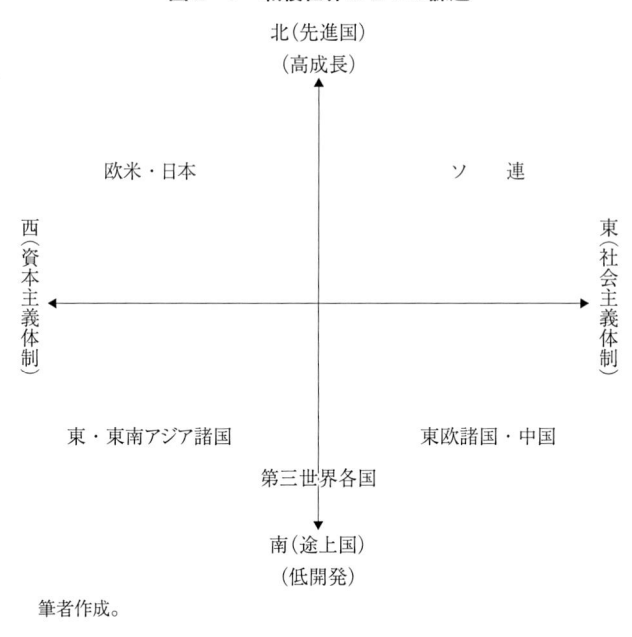

図2-1　戦後世界の2つの課題

```
            北（先進国）
            （高成長）
               ↑
  欧米・日本    │    ソ　連
               │
西────────────┼────────────東
（資本主義体制）│　　　　　（社会主義体制）
               │
東・東南アジア諸国│　東欧諸国・中国
               │
          第三世界各国
               ↓
            南（途上国）
            （低開発）
```

筆者作成。

る。そして、途上国の貧困状態を脱却するために、開発経済学は多くの時間を費やすことになった。

こうした時代状況の中で、途上国の経済発展を経済史的・段階論的視角から解明しようとしたのが、ウォルト・ホイットマン・ロストウ（Walt Whitman Rostow）の5段階発展論である[3]。

## *2*　アメリカの世界戦略から生まれた開発経済学
　　　　──ロストウの5段階発展論

ロストウの5段階発展論の特徴は、すべての社会は、その経済的次元において5つの成長段階の範疇のいずれかにあるとみることができる、というものである[4]。すなわち、経済発展には決まった段階があり、先進国はもちろん、途上

表2-1　5段階発展論から見た各国の発展状況

| 伝統的社会 | 中国の諸王朝、中東及び地中海文明、中世ヨーロッパ世界 |
|---|---|
| 成長への離陸の準備段階 | アフガニスタン、セイロン、パキスタン、インドネシア、エチオピア、ケニア、タイ、カンボジア |
| 離陸（テイク・オフ） | アルゼンチン、ブラジル、チリ、コンロビア、フィリピン、ヴェネズエラ、インド、中国 |
| 成熟への前進 | ソ連 |
| 高度大量消費社会 | 欧米諸国、日本、オーストラリア |

出典：W. W. Rostow, *"The Stages of Economic Growth : A Non-Communist Manifesto"*, Cambridge University Press, 1960. W. W. ロストウ、木村健康・久保まち子・村上泰亮訳『経済成長の諸段階―1つの非共産主義宣言』ダイヤモンド社、1961年。

国も時間を経るにつれ、経済発展を遂げるという単線的発展史観である。言い換えれば、途上国の陥っている低開発状態は、単に経済成長の途上のうちの初期段階にあるという理解である。従って、経済発展の遅れた段階にある途上国は、先進国からの援助と経済政策を導入・模倣することによって成長が可能であると考えたのである。

その5段階とは、伝統的社会→離陸のための先行条件→離陸（テイク・オフ）→成熟のための前進→高度大衆消費社会である（表2-1）。以下では、ロストウの *"The Stages of Economic Growth : A Non-Communist Manifesto"*（『経済成長の諸段階――1つの非共産主義宣言』）を基に、5段階発展論を見ていくことにする。

伝統的社会とはその構造の発展が、ニュートン以前[5]の科学と技術とに基礎をおくとともに、外的世界に対するニュートン以前的な態度の基礎をおいた、限られた生産函数（function）の枠内にとどまっていた社会のことである。1人当たり産出高の到達しうる水準に上限があった社会であり、その生産性の限界のために、その資源の多くの部分を農業に投じなければならなかった社会のことである。歴史的にみれば、中国の諸王朝、中東及び地中海文明、中世ヨーロッパ世界等、のニュートン以前の世界が全てそれにあたる。

離陸のための先行条件とは、近代科学の成果を開発し、**収穫の逓減を防ぎ**、

その結果複利的関係の進行によって展開される祝福と選択とを享受する社会である。離陸のための先行条件は、17世紀の終わりから18世紀の初めにかけての西ヨーロッパで発展した。この時期に近代科学の知識は農業および工業の新しい生産函数という形を取り始めた。しかし、ここで注意しなければならないのは、離陸のための先行条件の段階とは、内生的に起こったのではなく、より進んだ社会による外部からの侵入によって起こったのであり、この侵入は伝統的社会に衝撃を与え、その解体を開始もしくは促進したということである。この時期には、新しい型の企業家精神に富んだ人間が現れ、銀行ないしそれ以外の資本を動員するための制度が出現し、投資が増大する。さらにこの時期の特徴は、経済それ自体はもちろん、社会的価値観のバランスにも変化が見られたが、最も決定的な特徴は政治的な局面においてである。すなわち、伝統的社会の特徴であった地主階級の地域的利害・植民勢力や両者に対抗する新たなナショナリズムに動かされた、中央集権的国民国家の建設が、決定的局面として見られることである。

　離陸とは、着実な成長に対する古い妨害物や抵抗が最終的に克服された時期である。これまで近代的活動にある程度のはけ口を与え領域を与えていたところの、経済進歩を支持する諸力が拡大し、社会を支配するようになる。成長が社会の正常な状態となる。複利的関係がその習慣と制度的構造の中に組み入れられる社会である。この時期には、新しい工業が、工場労働者に対する需要およびそれらの労働者の生活に必要な様々なサービスに対する需要の急速な増大、その他の製品に対する需要の急速な増大などを通じて、都市の発展や他の近代的工業設備の拡大を一層刺激する。近代部門拡大の全過程は、単に高率の貯蓄を行なうだけではなく、その貯蓄を近代部門の活動に携わっている者の手に委ねるような、人々の所得を増加させる。企業家という新しい階級が拡大し、彼らが増大する投資を私企業部門に導く。その結果、経済はこれまで利用されてこなかった資源や生産方法を利用するようになる。一方、農業分野においても商業化が進み、新技術が普及していき、これらの技術を利用する農民の数も増加していく。これによる農業の生産性の革命的増大こそが、離陸のため

の条件となる。なぜなら、社会の近代化は農業生産物に対する需要を急激に増加させるからである。離陸の結果、社会における経済の基本構造及び社会的・政治的構造が変化すると、それ以降は着実な成長率が常時維持できるようになる（表2-2）。

さらに成熟への前進は、離陸が始まってからおよそ60年後に到達する。では成熟期とは何か。ロストウによれば、経済が離陸に力を与えた最初の産業を乗り越えて新たな能力を誇示する段階であり、それはまた経済が近代技術の最も進んだ果実を吸収し、それが広範囲にわたって資源を有効に活用できる能力を誇示する段階のことである。この段階では、経済はその科学技術と企業家的技術によって、生産しようと思うものは大抵生産することができる。正に、科学技術とそれを利用した企業経営が全面開花した社会である。

この時期には、常時成長する経済が、近代的技術を経済活動の全般にわたって推し広めていく。その結果、国民所得の10〜20％が着実に投資され、産出高は常に人口の増加を上回るようになる。技術が改良され、新しい産業が急速に増加し、古い産業が脱落し始める二つ経済的構成が絶えず変化する。一国の経済は世界経済の一環として組み込まれ、それまで輸入されていた商品が国内で生産され、新たな輸入需要が生み出され、それに見合うための新たな輸出品が生産されるようになる（表2-3）。

最後の高度大衆消費時代は、主導部門が耐久消費財とサービス部門からなる。この時代にはいると2

表2-2　各国の離陸期

| 国　名 | 離陸期 |
|---|---|
| 英　国 | 1783-1802 |
| フランス | 1830-1860 |
| ベルギー | 1833-1860 |
| 米　国 | 1843-60 |
| ドイツ | 1850-73 |
| スウェーデン | 1868-1890 |
| 日　本 | 1878-1900 |
| ロシア | 1890-1914 |
| カナダ | 1896-1914 |
| アルゼンチン | 1935- |
| トルコ | 1937- |
| インド | 1952- |
| 中　国 | 1952- |

出典：W. W. ロストウ前掲書、52頁から作成。

表2-3　各国の成熟への到達期

| 国　名 | 到達記 |
|---|---|
| 英　国 | 1850 |
| 米　国 | 1900 |
| ドイツ | 1910 |
| フランス | 1910 |
| スウェーデン | 1930 |
| 日　本 | 1940 |
| ロシア | 1950 |
| カナダ | 1950 |

出典：W. W. ロストウ前掲書、81頁。

つのことが起きる。1つは、1人当たり実質所得が上昇し衣食住を超える過消費が可能となる。もう1つは、労働力構造が変化し、事務労働者・熟練工場労働者の比率が増加するのである。さらには、福祉国家が出現する。

以上が、ロストウが主張する発展の5段階なのである。

この5段階の中で特に重要なのは、経済発展を意味する離陸である。この離陸が可能になれば、それ以降各国は自らの力で次の段階＝さらなる経済発展を成し遂げることができるからである。従って、低開発状態にある途上国をいかに離陸させるかが重要で、そのための条件として次の3つの条件がすべて備えている必要がある。

第1に、**生産的投資率**が国民所得の5％ないし10％以上に上昇すること。第2に、かなりの力を持った1つないしそれ以上の製造業部門が高い成長率をもって発展すること。第3に、近代部門における拡張への衝動と離陸のもつ潜在的外部経済効果を利用し、成長に前進的性格を与える政治的・社会的・制度的枠組みが存在しているか、あるいは急速に出現すること、である。

これらの条件のうち、第3の条件は、国内資源から資本を動員しうる相当強力な能力の存在をも必要とする。すなわち、離陸のための先行条件には、国内貯蓄を生産的に動員しうる能力が当初から存在し、それに続いて高い限界貯蓄率を可能にするような構造が存在することが必要なのである。これは先進国の場合、自らの力で達成することができるが、途上国は国内貯蓄が不足している。これを充足する（させる）ためには先進国からの資本導入（援助）が必要なのである。この先進国からの援助による途上国の経済発展こそ、トルーマンが提唱したポイント・フォー計画に合致・実践するものであり、ロストウ理論が1960年代に影響力を増大させた理由でもある。まさに開発経済学の萌芽期を形作った（問題提起をした）概念と言われる所以である[6]。

しかし、開発経済学の萌芽期を形成したロストウの5段階発展論にもいくつかの問題点がある。第1に、伝統的社会の生産力を停滞させる社会的諸関係が不明確である。すなわち、何故、伝統的社会が低開発なのか、伝統的社会では発展できない（しない）のかの説明が不十分ということだ。第2に、次の段階

への契機が不明確であること。特に、低開発であるはずの伝統的社会からいかにしたら離陸の段階に到達するのか、が不透明ということだ。第3に、各国の発展が単線的であるということ。すなわち、ロストウの5段階発展論によると、すべての国は時間の経過と共に、いずれ経済発展することになるが、現実の世界経済を見れば明らかなように、世界の多くの途上国がいまだに、長きにわたって低開発や貧困状態から脱却することができず、苦しんでいることを考えるなら、いずれ経済発展するというのはあまりにも短絡的かつ楽観的すぎるであろう。第4に、先進国―後進国関係が所与のものと前提されているということだ。言い換えるならば、途上国は低開発に陥った原因（植民地支配による搾取・収奪構造）を捨象し、単に発展段階の違いから先進国―後進国を位置づけているということだ。

従って、5段階発展論は、同じ時期に登場した他の開発経済学理論の批判の対象となったり、途上国からは、とうてい受け入れられないものでもあった。

## 3 初期に影響力を増した構造主義
―貧困の悪循環論と輸出ペシミズム論

ロストウの発展段階論とは異なり、途上国の貧困問題を解決すべく、開発政策の立案に理論的・実証的基礎を提供するために登場したのが、構造主義アプローチである。初期の開発経済学が注目したのは、途上国経済は先進国の経済とは構造的に異なっている。従って、先進国が作った戦後の世界経済システムのもとで経済開発過程は、豊かな先進国と貧しい途上国との経済格差をますます増大させることになる。特に、先進国との貿易は途上国をますます不利状況に追いやる、という南北問題、世界経済システム、途上国の経済を構造的問題として理解したのが**構造主義**分析（structurism analysis）である。このアプローチは、先進国の経済分析で使われる近代経済学的手法の適用が必ずしも途上国には妥当しないとして、途上国の経済活動に焦点を絞った学問として注目されることとなった。[7]

構造主義アプローチを代表する議論は、ラグナー・ヌルクセ（Ragnar Nurkse）、ラウル・プレビッシュ（Raul Prebish）、ハンス・ウォルター・シンガー（Hans Walter Singer）、等である。彼らの議論は、**貧困の悪循環論**と**輸出ペシミズム論**に代表される。ヌルクセの「貧困の悪循環」論は、供給制約下におかれた途上国の構造的な発展制約メカニズムを図式化した代表的な議論である。ヌルクセによると、途上国には資本が不足している。そこでは「**貧しい国は貧しいがゆえに貧しい**」という貧困の悪循環が支配している。貧困の悪循環に陥っている途上国は「低水準均衡のわな」から容易に抜け出すことができない。この議論は、途上国では市場メカニズムは十分に機能しないという考えが前提とされているだけではなく、そのまま市場にまかせていたのでは経済発展は遅々として進展しないと考える[8]。

従って、途上国が貧困の罠から脱出するためには少しの力では十分ではなく大きな後押し、すなわち「**ビッグ・プッシュ**」が必要なのである。

また、輸出ペシミズム論では、途上国の主要輸出品である第一次産品は成長を牽引するものにはならないと考える。その結果、途上国の採用すべき望ましい開発戦略として国内市場向け工業化＝**輸入代替工業化**が提唱されることになった。プレビッシュとシンガーはともに先進国に対する開発途上国の交易条件は長期的に悪化（**交易条件長期悪化説**）すると主張した。これが**プレビッシュ＝シンガー命題**と呼ばれるものである。この命題は、第一次産品に対する世界需要の長期低迷と交易条件の悪化という2つの要因に基づいた仮説である。

シンガーによると、先進国での工業部門における技術革新の利益は、所得の増加が生産者の利益として現れるのに対し、途上国での食糧および原材料生産部門における技術革新は、多くの場合、価格の低下による消費者の利益として現れる。従って、先進国と途上国との間で貿易が行われると、工業製品に対する一次産品の交易条件は悪化せざるを得ない。つまり先進国は一次産品の消費者かつ工業製品の生産者として二重の利益を得るのに対して、途上国は逆に一次産品の生産者かつ工業製品の消費者として二重の損失を被ることになるからである。交易条件の悪化というチャンネルを通して、途上国の技術革新の利益

は先進国へと移転されてしまうと論じたのである（図2-2）。[9]

プレビッシュ＝シンガー命題が一躍世界の脚光を浴びた主な要因は、1964年ジュネーブで開催された第1回国連貿易開発会議（United Nations Conference on Trade and Development: UNCTAD）が引き起こした大きな政治的影響にある。[10] この会議ではプレビッシュが事務局長をつとめ、『新しい貿易政策を求めて』（通称、プレビッシュ報告）と題する報告書が提出された。[11]

図2-2　先進国の生産、貿易と低開発国の貿易

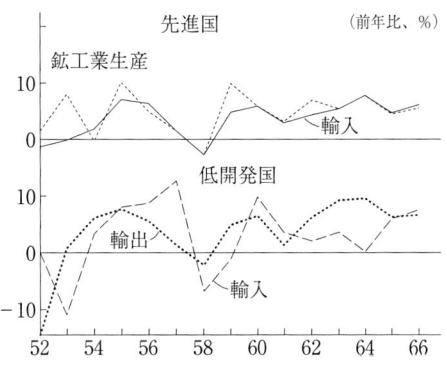

出所：IMF：統計月報より作成。
資料：経済企画庁『昭和42年度 年次世界経済報告―世界景気安定への道』1967年、185頁。

プレビッシュ報告の主な内容は、(1)一次産品輸出不振の解決。商品協定を拡充して最低価格の決定、輸入割当、余剰処理などを行なうとともに、先進国側は貿易障壁および内国税などの輸入制限的措置を漸次撤廃する。(2)低開発国の工業品輸出の促進。先進国は、原則として低開発国からのすべての製品輸入に特恵を与え、その期間を一応10年とする。例外措置は若干にとどめる。(3)交易条件悪化のための補償融資。交易条件の悪化によって生じた損失を先進国は補償する必要がある。それは、過去の損失にもおよぶ。さらに、プレビッシュは[12]**「援助よりも貿易を」**と訴え、現存の先進国に有利な世界貿易システムの是正を主張した。

さらに、これらの議論がこの時期多くの途上国の支持を得たのは、次の理由による。

それは1960年代という時代が、途上国、ひいては第三世界諸国が声を上げ、大きな社会変革運動へと前進しようとしていた時期だからである。1960年は**「アフリカの年」**と言われるように、17のアフリカの国々が一斉に独立を果た

し、そのうち16ヶ国が国連に加盟し、国際舞台での政治的発言力を増した年であった。また、前述したフランクスによる「南北問題」演説は、先進国にも途上国問題を考えさせる上で、大きな影響力を与えることになった。

　その中にあって戦後世界の唯一の強大国となったアメリカのケネディ大統領が、1961年の国連総会演説において、新たに独立した国を含め世界各国が共に繁栄するために、国連加盟国及び国連諸機関が協力することを強調、1960年代を「国連開発の10年」と呼ぶことを提唱した。もちろんアメリカが途上国の利益を考えて提唱したというよりは、東西冷戦構造の中で社会主義陣営に対抗するために、できるだけ多くの途上国を西側に引き入れようとする意図があったことは間違いないが、戦後世界のリーダーであるアメリカが途上国の経済開発に関心を示したことは、他の西側先進諸国にも「南北問題」に対して関心をもたらす契機になったということは否めない。それは1950年代の第三世界運動が、1960年代に入り、個別的な運動から国連やG77のような国際機関や組織を利用した大規模な運動へと発展していったことからも明らかである。そして南北問題は、単に途上国の窮状を訴えるという段階から、国際的舞台で途上国の主張をどのように訴え、先進国の理解・協力させるかということに移っていたのである。その時、プレビッシュが前述の報告をしたのである。[13]

## **4**　均衡成長論 VS 不均衡成長論—ヌルクセからハーシュマンへ

　さてこの時代、途上国に対する先進国の対応・政策が大きく変わろうとする中で、途上国内の貧困問題＝低開発状態理解とそれを克服すべく経済政策に大きな影響を与えたのが、ヌルクセによる**均衡成長論**（balanced growth）である。以下ではヌルクセの均衡成長論を有名にした "*Problems of Capital Formation in underdeveloped Countries*" を参考に見ていく。

　均衡成長論とは、市場の拡大は、資本の技術的・物理的生産性の向上によってはじめて可能となるが、それらを向上させるためには経済的観点からすれば、市場の総体的大きさを拡大し個々の投資誘因を全面的に増大させる、言い

換えれば国内のあらゆる部門を同時に発展させること、すなわち均衡成長によってはじめて実現できる、という考え方である。

　ヌルクセによれば途上国が低開発状態にある原因は市場の狭さにあり、市場の狭さによって引き起こされる困難とは、単独に生産活動を行う産業部門に、個々バラバラに投資が行われることに起因する。この困難性を克服するには、様々な異種産業に同時に資本を使用すればよい。それこそが結果的に、市場の全面的な拡大へとつながる、という考えである。**大量消費財生産部門**は、相互に市場を提供し、相互に支え合っているという意味で補完的である。この補完性は、人間の欲望の多様性から発生する。すなわち、多様性こそ各産業部門の同時発展を意味する均衡成長ということになる。

　結局、国内市場を拡大し、一国の生産水準を向上させ、悪循環を断ち切る方法こそ、均衡成長なのであり、低所得層の生活水準の向上をその究極の目標におく各産業間のバランスのとれた成長なのである。

　問題は、潜在的貯蓄能力を活かすための、最低限の貯蓄＝資本の存在である。この国内貯蓄を増大させるのに必要な生産性や実質所得の最初の向上方法を、ヌルクセは消費者行動における個人的消費函数の相互連関性に求める。

　低所得国の国内経済では、国内市場が狭いために投資誘因が弱く、個人的な外国の企業家は、この悪循環を克服する誘因や手段をもっていないからである。

　こうした事実を前にヌルクセは、開発途上国の資本供給問題の解決を外部の資本源泉に依存するのではなく、国内における貯蓄行為に求める。

　では国内貯蓄の推進力は何か。それは開発途上国内の企業家である。つまり資本形成は資本を意識している社会でのみ永久的に成功する。この条件は、初期の資本の創造に対するのとまさしく同じで、資本の継続的維持に対しても重要なのであるが、それは個人の間に投資活動を広く普及させることによって促進される。人々の素質ほど重大なものはないのである。[14]

　以上がヌルクセによる**資本形成論**の骨子である。彼による国内経済に依拠した資本形成＝貯蓄能力向上という主張は、開発途上国が経済開発をしていく上

で必要とされる資本形成＝資本の源泉をどこに求めるか、が開発経済学の課題の１つにもなった。前述したロストウはそれを民間投資＝外資に求めたのであり、そのために先進国による途上国への援助の必要性が強調されたのである。

一方、均衡成長論批判は、アメリカの世界戦略と軌を一にしながら発展してきた。その中で、ラ・ミント（Hla Myint）、アルバート・オットー・ハーシュマン（Albert Otto Hirschman）などに代表される新古典派経済学者が、ヌルクセ理論に対する批判を積極的に展開することにより、開発経済学は新たな段階を迎える。

ハーシュマンは、成長は経済の先導的部門から後続的部門へ、一産業から他産業へ、また一企業から他企業へと伝播する。そして、均衡成長と考えるものも、ある部門に他の部門が追いつくといった一連の不均衡成長の結果である、と考える。もしある部門が他の部門を追い越すならば、それが別の場所でさらに発展を引き起こす契機になる。このようなシーソー的発展には投資決意を誘発する余地が残されており、従って、主要な希少資源すなわち真の決意形成が節約されるからである。そして、**不均衡成長**により、不均衡状態が生じた場合は、市場要因と非市場要因（政府等）のいずれが有効かという問いに対して、非市場要因の重要性、使命を強調する。すなわち、不均衡成長の過程で私企業が上手く働きえない部門において供給困難が発生するならば、「何とかしなければならない」という強い圧力が政府当局にかけられ、何らかの矯正政策が採られる、と指摘する。[15]

競争経済の下で利益と損失とによって表現される不均衡を除去することではなく、それを生かすことが重要である。経済の前進を維持するために、緊張、不釣り合い、不均衡を維持することが発展政策の任務である。そして、「均衡離脱的」継起こそが理想的な発展形態である。なぜなら、この継起のすべての運動は前の不均衡から誘発されたものであり、また次に、それが新しい不均衡を生み出して、いっそうの発展運動を誘発するからである。すなわち、Aという産業の拡張が、Aにとっては外部経済であるが、Bという産業にとっては利益をもたらし、それにより、Bという産業が拡張する。そしてBの拡張が

Bにとっては外部不経済であっても、Aには利益を生み出す、といった発展運動関係を誘発するのである。言い換えれば、発展過程の各段階で、各産業は前の拡張によって作り出された外部経済の利益を享受すると同時に、新しい外部経済を作り出して、他の「経済担当者（operator）の利用に供するのである[16]。

　以上のように、AとBとの間には不均衡成長から誘発された補完関係が存在し、それが新たな誘発投資をもたらすことになる。この誘発投資こそ、途上国にとって有意義な概念になる。なぜなら、補完性効果によって誘発された投資は低開発経済を転換させるのに役立つからである[17]。

　こうして途上国においては不均衡成長こそが経済発展をもたらす手段と主張したのである。さらに、ハーシュマンの名を有名にしたのが「**トリックル・ダウン効果**（Trickle-Down Effects）」である。これは、ひとたび経済成長が定着したならば、先進地域（経済成長が行われている地域）の成長の浸透効果が後進地域（取り残された地域）に波及するという考え方である。この考えこそ、今日のすべての資本主義国が意識的か無意識的かは別にして経済政策を立案する上でよってたつ、経済効果なのである（詳しくは第5章）。そして、現在の開発途上国、特にアジア諸国（NIEs[18]・ASEAN[19]・中国など）の経済開発を見ると、明らかにこの不均衡成長理論に基づいて、経済政策が展開されていることが理解できる。従って、不均衡成長理論は高成長を遂げてきたアジア諸国によって、積極的に採用され、それが今日に至るまで、トリックル・ダウン効果の有効性を明示しているのである。

## 5　理論と実践の乖離を深めた開発経済学
　　　──実践的課題としての不均衡成長論と実践としての均衡成長論

　以上で見てきたように、1960年代までの開発経済学は、途上国の貧困問題を解決すべく、さまざまな理論が誕生し、また経済政策に多大な影響を及ぼしてきた。しかし、それが必ずしもうまくいっていないのは、今日南北格差が拡大していることからも明らかである。開発経済学が理論的（ひいては実践としての

経済開発過程)に十分貢献できなかった理由は何か。

　それは、開発経済学がその分析アプローチとして、欧米を中心とした先進国で形成された特殊な発想を異質な世界(途上国)に持ち込んだこと、それに現実の政策手段との関連を無視した計量モデルの乱用にある。[20]すなわち、途上国の固有性を無視し、先進国の経済構造と同じ歴史過程の中で、時期・段階だけが異なるので、先進国で適用(通用)した経済理論は当然途上国でも通用すると考えた、ということだ。ロストウ理論がまさにその典型であろう。しかし、先進国においても国ごとに発展してきた過程が異なるように、途上国もそれぞれにおいて異なる発展過程を経験してきたのである。従って、現在の先進国で適用可能な理論的・政策的アプローチを適用するには大きな無理がある。ここに、構造学派が登場する歴史的時代状況があった。

　一方、開発経済学の理論においては、当初均衡成長論による貧困解決から出発し、それに対する批判的アプローチとして、不均衡成長理論が台頭し徐々に均衡成長論を圧倒する中で今日に至っている。こうした理論的対立のなかで、途上国は実際の経済政策の立案においてどちらの立場を取ったかというと、途上国の間では、均衡成長理論に基づく経済政策が急速に拡大していくことになる。いわゆる理論と実践の乖離現象が経済開発を巡って生じたのである。なぜ、理論的には不均衡成長理論が台頭・波及していったにもかかわらず、当の開発途上諸国では均衡成長理論が普及したのか。

　不均衡成長を外国貿易に当てはめたとき、想定される議論は**比較生産費説**による輸出産業への特化である。しかし、この外国貿易理論は当時の国際貿易体制の中では、先進国に有利で途上国に不利というのが、プレビッシュ報告にも見られるように通説になっていた。従って、多くの途上国が、不均衡をもたらす、諸理論・政策に反対したのである。また、国内の産業構造が第一次産業中心であり、途上国が経済発展するには、第一次産業を維持しながら、工業化を推し進めるという均衡成長こそ、唯一の政策・手段とみなされていた。

　こうした背景から不均衡成長理論は第三世界諸国には受け入れがたい理論として映ったのである。特に、第2次世界大戦後の世界経済は先進国主導により

構築された IMF・GATT 体制[21]がその中心であった。この体制の下では、先進国は経済的繁栄の道を駆け上がっていくのに、どうしても開発途上国は経済的停滞の連続に悩まされなければならない。先進国の開発エコノミストや経済顧問、そして先進国の経済理論を輸入してつくり上げた開発政策（その体系的表現としての開発計画）は、なぜ期待どおりの成果を生まないのか。先進国が与える開発援助や外国企業の対外進出は、途上国の経済開発に貢献しているのかどうか成果が可視化されていないにもかかわらず、対外債務の累積と国際収支赤字だけは増大していく。IMF・GATT 体制とは先進国による経済支配を通じた途上国支配＝「**新植民地主義**」の別名ではないのか。こういった疑念が開発途上国の人々の思考を支配したのである[22]。

そのため開発途上国は、まず GATT に非難の矛先を向けた。その狙いは自由貿易原則の修正である。さらに、開発途上国が絶対多数となった国連の場へ先進国を引きずり出し、開発途上国の貿易問題の解決と開発資金の入手を容易にするドラスティックな対策を呑ませようとした。それが前述した1964年に開催された第一回国連貿易開発会議である。この会議において、開発途上国は団結して先進国にあたり、「援助より貿易を」という主張に代表される現行の世界経済システムの変更を求めたのである[23]。

こうした主張が、植民地支配からの解放後も長く経済停滞にあえぐ開発途上諸国に熱狂的に受け入れられたのは想像に難くない。彼らにしてみれば、政治的独立＝経済発展・自立を考えていたにもかかわらず、実際には経済的発展はおろか、新植民地主義の台頭という脅威に直面していたからである。第三世界運動が、先進国主導の世界経済システムに真っ向から批判する主張に共感したのは至極当然のことである。

その結果、途上国の経済開発を巡っては開発経済学としては不均衡成長論が台頭し、当の途上国の経済政策は均衡成長論に基づく政策が展開されていくという、理論と実践との乖離が生じていったのである。

それでも、1960年代は途上国にとって、明るい未来と希望に満ちた時代であり、途上国はその政治的発言力を背景に、自らが信じる経済政策にまい進して

いったのである。

〈注〉
1） 鳥居泰彦「経済発展理論の系譜と新潮流」大蔵省財政金融研究所『フィナンシャル・レビュー』27号、1993年3月、7頁。
2） オリバー・フランクスはロイド銀行総裁だけではなく、駐米イギリス大使、学者、教育者、政府高官、ヨーロッパ経済共同体立案者等多彩な履歴を有している。
3） W. W. Rostow, *"The Stages of Economic Growth : A Non-Communist Manifesto"*, Cambridge University Press, 1960.
　W. W. ロストウ、木村健康・久保まち子・村上泰亮訳『経済成長の諸段階—1つの非共産主義宣言』ダイヤモンド社、1961年。
4） 同上書、7頁。
5） ロストウが、ここでニュートンという言葉を使用したのは、外的世界はいくつかの認識可能な法則に従うものであり、かつ生産のためにそれを操ることが体系的に可能である、と人々が信ずるにいたった時代の分水嶺期の象徴的意味としてである。
6） ただし、ロストウの議論はそれまでの経済発展論（古典派・新古典派経済学の主要課題）の延長線上の上で途上国をも含んで議論したものであり、途上国の貧困解決＝経済開発に主眼をおいて理論体系化した開発経済学とは、やや異なるものであり、狭義の意味での開発経済学としては後述する構造主義的アプローチによる開発経済学であろう。
7） 鳥居前掲論文、8頁。
8） 外務省経済協力局『平成12年度　経済協力評価報告書（各論）』2001年、186～187頁。
9） 同上書、186頁。
10） UNCTADとは、開発途上国の経済的困難が国際的な協力によって解決されない限り、世界の平和や繁栄もあり得ないとの考えのもと、開発途上国が1962年7月にエジプトのカイロに集まり、貿易と開発に関する会議の開催を求める「カイロ宣言」を採択した。次いで、同年8月に第34回国連経済社会理事会で上記の会議開催を支持する決議が採択され、同年秋の第17回国連総会では上記議題を支持する決議第1785号が採択された。この決議に基づき、経済社会理事会及びその準備委員会での審議を経て、UNCTADが1964年3月から3ヶ月にわたってジュネーブで開催されたのである。
11） 外務省前掲書、186～187頁。
12） 通産省『昭和40年版　通商白書総論』1965年、165～166頁。

13) 拙著『アジア経済論』中央経済社、1998年、13～14頁。
14) R. Nurkse, *"Problems of Capital Formation in Underdeveloped Countries"*, Basil Blackwell and Mott Ltd., Oxford, 1953. ラグナー・ヌルクセ、土屋六郎訳『後進諸国の資本形成　改訳版』厳松堂出版、1966年。
15) A. O. Hirschman, *"The Strategy of Economic Development"*, Yale University Press, 1958. アルバート・O. ハーシュマン、小島清監修、麻田四郎訳『経済発展の戦略』厳松堂、1961年、110～112頁。
16) 同上書、117頁。
17) 同上書、122～123頁。
18) Newly Industrializing Economies：新興工業経済群・地域（韓国、台湾、香港、シンガポール）
19) Association of South East Asian Nations；東南アジア諸国連合（インドネシア、タイ、フィリピン、マレーシア、シンガポール、ブルネイ、ベトナム、ライス、カンボジア、ミャンマー）
20) 杉谷滋『開発経済学再考—南北問題と開発途上国経済』東洋経済新報社、1978年、10頁。
21) IMF・GATT 体制とは、1945年に設立された第2次世界大戦後の国際通貨体制の安定を目的に設立された IMF（国際通貨基金：International Monetary Fund）と、1947年に調印された自由貿易を目指す GATT（関税および貿易に関する一般協定：General Agreement on Tariffs and Trade）を両輪とした戦後の世界貿易体制を指す。
22) 同上書、3頁。
23) 同上書、3頁。

### *self study*
①1950年代と今日の南北格差の広がりの程度（経済格差）を調べてみよう。
②社会主義が崩壊した原因を調べてみよう。

### *exercise*
①不均衡成長論の抱える問題点について考えてみよう。
②国際貿易が南北格差を助長する原因について考えてみよう。

第 II 部

# 開発経済学の展開

# 第3章

# 物的成長から人間の成長への開発経済学

● Basic Human Needs アプローチ

　前章までは、本論の対象である開発に対する再検討と、開発経済学誕生の背景について見てきた。本章以降では、開発経済学の理論的変遷過程を当時の時代状況に照らし合わせながら見ていくことにする。なお、開発経済学の理論的系譜は多岐にわたるので、すべての議論を網羅することはとてもできない。そこで、本論では特に筆者の平和のための経済学再生にとって関係があると思われる理論を中心に分析していく。それ以外の、理論の位置づけについては、図3-1を参照されたい。

## *1* 戦後初めての長期不況と第三世界運動

　1970年代は、1973年と1978年の2度にわたる石油危機、国際収支不均衡及び**スタグフレーション**[1)]といった多くの困難に直面した。戦後、唯一の大国となったアメリカは強いドルを背景に、日欧への援助や海外からの輸入を積極的に増大させることで、世界中にドルを撒布した。その結果、1960年代に入るや、日欧諸国は戦後復興に成功する一方、アメリカはその地位を相対的に低下させることになった。こうした中、中東地域ではアラブ諸国とイスラエルとの間で軍事対立が繰り返され、ついに戦争にまで発展し、石油価格の高騰＝石油危機へと続くことになった。

　石油危機により生じた世界的な国際収支不均衡問題は、1978年において大き

第**3**章　物的成長から人間の成長への開発経済学

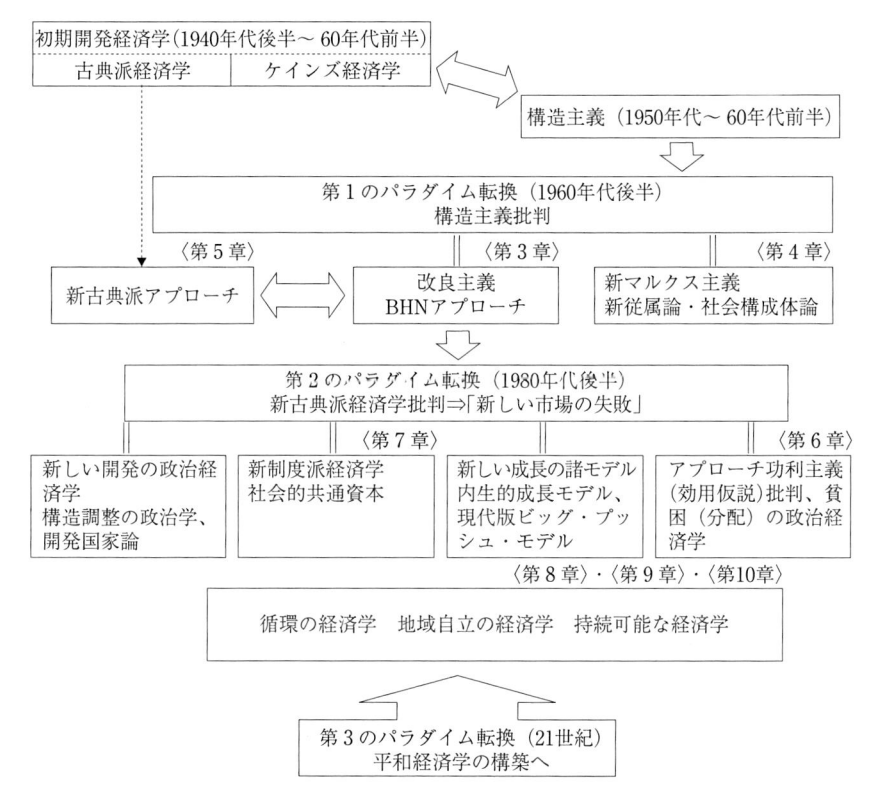

**図3-1　開発経済学の変遷過程と主要理論**

```
初期開発経済学（1940年代後半～60年代前半）
┌─────────────┬─────────────┐
│  古典派経済学  │ ケインズ経済学 │  ⇔  構造主義（1950年代～60年代前半）
└─────────────┴─────────────┘
                            ↓
           第1のパラダイム転換（1960年代後半）
                    構造主義批判

     〈第5章〉         〈第3章〉           〈第4章〉
  ┌──────────┐   ┌──────────┐   ┌──────────────┐
  │新古典派    │⇔ │改良主義    │   │新マルクス主義  │
  │アプローチ  │   │BHNアプローチ│   │新従属論・社会構成体論│
  └──────────┘   └──────────┘   └──────────────┘
                        ↓
           第2のパラダイム転換（1980年代後半）
         新古典派経済学批判⇒「新しい市場の失敗」

                       〈第7章〉                    〈第6章〉
  ┌──────────┬──────────┬──────────┬──────────┐
  │新しい開発の  │新制度派経済学│新しい成長の諸│アプローチ功利│
  │政治経済学    │社会的共通資本│モデル内生的成│主義（効用仮説）│
  │構造調整の政治│              │長モデル、現代│批判、貧困（分│
  │学、開発国家論│              │版ビッグ・プッ│配）の政治経済│
  │              │              │シュ・モデル  │学            │
  └──────────┴──────────┴──────────┴──────────┘

                  〈第8章〉・〈第9章〉・〈第10章〉
         循環の経済学　地域自立の経済学　持続可能な経済学
                        ↓
           第3のパラダイム転換（21世紀）
                平和経済学の構築へ
```

資料：絵所秀紀『開発の政治経済学』（日本評論社、1997年、2頁）。マイヤー、G. M./スティグリッツ、J. E.『開発経済学の潮流』（シュプリンガー・フェアラーク東京、2003年、12～13頁）に筆者が加筆・作図。

なパターンの変化がみられた。すなわち、1974年には680億ドルにのぼった石油産出国の経常収支黒字は、その後の3年間で350～410億ドルの幅を推移した後、1978年には約200億ドルに縮小し、非産油開発途上国の赤字は1977年の220億ドルから、1978年には300億ドルに達した。一方、先進国全体の経常収支は1977年の130億ドルの赤字から1978年には30億ドルの黒字に転じた。

　先進国内の経常収支をみると、アメリカの赤字、日本及び西独の黒字などの不均衡は依然として継続したが、1977年後半以降、イギリス、フランス、イタ

図3-2　発展途上国の要求

```
    1950年代
  「貿易より援助」
      ↓
   1960年代前半
  「援助より貿易を」
      ↓
   1960年代後半
  「貿易も援助も」
      ↓
    1970年代
「新国際経済秩序の樹立」
```

資料：通産省『通商白書昭和51年版』より筆者作成。

リアなどで改善傾向に向かい、1978年後半からはアメリカでも改善傾向が顕著になるなど、先進国全体の国際収支調整に進展がみられた。

一方、国際通貨情勢は、先進国間の国際収支の不均衡、特にアメリカの大幅赤字継続を背景に、1977年半ば以降、動揺し始めたが、1978年後半になると、ドル防衛のための各国の協調により比較的安定的に推移した[2]。

途上国においては、1971年に77ヶ国グループがより効果的な国際協力による南北格差の是正を要求するリマ宣言を発表した。また、1974年には石油産出国の発言力増大を背景に、NIEOが国連資源特別総会で採択された。この宣言の主な内容は、自国の富や天然資源および経済活動に対する恒久的主権の確立、多国籍企業の監視と規制、開発途上国に不利な交易条件の改善などである。

これらは1960年代の第三世界運動が先進国の協力・協調を前提に行われたのに対して、天然資源を武器に先進国の譲歩を迫るという**資源ナショナリズム**によるものである。その意味で、開発途上国の発言力がいつにもまして高揚した時代でもあった（図3-2）。

## *2*　「成長の限界」のインパクト

1960年代までの急速な工業化は一方で公害問題や南北問題を拡大させるなど様々な問題が噴出し始めていた。それに対し、**ローマ・クラブ**のドネラ．H．メドウズらによって"The Limited of Growth"（成長の限界）が発表された。これによると、

①世界人口、工業化、汚染、食糧生産および資源を現在のまま使用して成長し続けるならば、100年以内に地球上の成長は限界に達するということ。最も想定しうる出来事は、人口と工業化の突然の制御不可能な減少であ

る。
②現在の成長の趨勢を変更し、将来長期にわたって持続可能な生態学的ならびに経済的安定性を打ち立てることは可能である。全般的な均衡状態は、地球上のすべての人の基本的な物質的必要が満たされ、すべての人が人間的な能力を実現する平等な機会を持つように設計することが必要である。
③もし世界中の人々が①の結末ではなく、②の結末になるように努力しようと決意するならば、それを達成するための行動は、早ければ早いほど、成功する機会は大きくなるだろう、と結論づけた[3]。

そして、こうした結論（特に、③）を達成するための行動原理として以下の10項目を提示した。

①世界環境の量的限界と過度の成長による悲劇的結末を認識することは、人間の行動、さらには現在の社会の全体的構造を根本的に変えるような新しい形の思考を始めるために不可欠のものであることを確信する。
②世界における人口圧力は、現在すでに憂うべき状態に達しており、その分布は不均衡である。こうした状況からいっても、人類は地球上の均衡状態を追求する必要がある。
③多くの開発途上国が、先進国に比して絶対的にもまた相対的にも向上する場合にのみ、世界の均衡が実現されるものだということを、認識することである。
④しかし、世界的な開発問題は他の世界的な問題に極めて密接に関連しているので、特に人間とその環境の問題を含むすべての主要な問題を解決するための全般的な戦略を転換しなければならない。
⑤複雑な世界の問題は、多くの定量化できない要素を含んでいることを認識している。しかしこの報告で用いられている、すぐれて定量的接近方法は、問題の作用の仕方を理解するために欠くことのできない道具である。
⑥我々は、現在不均衡にあり、かつ危険な方向に向かって悪化しつつある世界の状況を、早急かつ根本的に是正することが、人類が直面している基本的課題であると確信している。

第Ⅱ部　開発経済学の展開

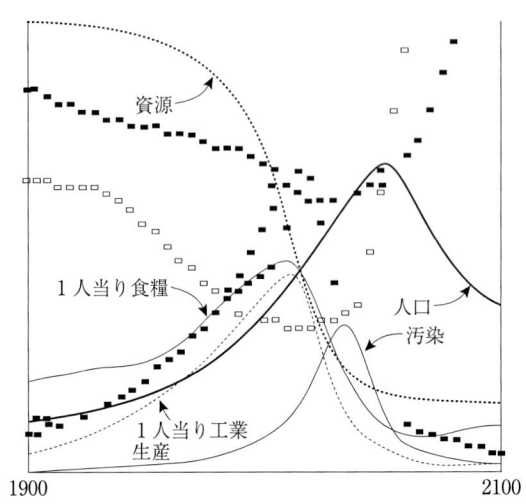

図3-3　成長の限界モデル

出典：D. メドウズ、D. L. メドウズ、J. ラーメンダズ、W. W. ベアランズ3世、大来佐武郎監訳『成長の限界』ダイヤモンド社、1972年、105頁。

⑦この努力は、我々の世代に対する挑戦であり、次世代にゆだねることはできない。この努力は、断固として直ちに始めなければならず、また重要な方向転換がこの10年の間に達成されなければならない。
⑧人類がもし新しい針路に向かって踏み出すとすれば、前例のないほどの規模と範囲での一致した国際的な行動と共同の長期計画が必要となるであろう。
⑨我々は、世界の人口増加と経済成長の悪循環にブレーキをかけることが、世界中の国の経済発展の現状を凍結してしまう結果をもたらしてはならない。
⑩最後に、偶然もしくは破局によってではなく、計画的な方法によって、合理的かつ永続的な均衡状態に達しようとする意図的な試みは、結局、個人、国家、世界の各レベルでの価値観や目標の根本的な変更を基礎としなければならない。

『成長の限界』が世界経済に与えた衝撃は、それまで唯一の成長の手段と考えられてきた**大量生産・大量消費**による工業化の限界を示したことと、この成長を持続すると悲劇的結末をもたらすという点であった。特に、成長の限界が成長率を減退させるだけではなく、人口爆発が食糧不足と環境破壊を加速させ、それは修復不可能なものになってしまうという点は、その後多くの論争を

第 **3** 章　物的成長から人間の成長への開発経済学

巻き起こすことになる（図3-3）[5]。

　現在から見ると、未だ悲劇的結末は迎えておらず、メドウズらの予想は外れたかのように思える。しかし、大量生産・大量消費型の工業化モデルは一向に改善されておらず、1970年代初めと比べると、環境破壊、人口増大、食糧危機の懸念、南北格差の増大など問題は当時よりも深刻になっている。

　さらに、現在の世界経済を見ると、1997年のアジア通貨・経済危機[6]、2007年サブプライムローン問題[7]、2008年リーマン・ブラザーズの破綻[8]に端を発した世界的**金融危機**の発生など、経済システムそのものの危機が懸念されている。

　他方、1972年**国連人間環境会議**が6月5日から2週間にわたってスウェーデンのストックホルムで開催された。国連人間環境会議が開催されるに至った背景は、第1に、1950年代、60年代の急速な経済開発に対する懸念である。先進国では飛躍的な経済成長に伴って、排ガス、廃水、廃棄物が飛躍的に増大し、かつて無限と考えられていた空気や水などの環境資源が受容し、浄化し得る能力を超えるまでに増大し、その限界が認識されるようになったこと。第2は、この地球を「宇宙船地球号」と呼ぶ考えである。人口、天然資源、環境資源など地球上のあらゆる要素が複雑微妙に相互依存しており、有限かつ一体のものとして、地球をひとつの宇宙船にたとえ、世界が協力してこれを守っていかなければならないと考えるようになったことである。第3は、開発途上国における環境問題の顕在化・悪化である。工業化によってもたらされる汚染による環境破壊よりも、人口増大、栄養不足、住宅、教育施設の不足、自然災害、疫病のおそれといった貧困からの脱出が、最大の環境問題になっていたことである。

　「成長の限界」が国連人間環境会議直前に発表されたことにより、地球という有限な世界の中での経済成長の行く着く先が一つの悲劇的結末を迎えるというモデルは、世界中に大きな衝撃を与えたことは言うまでもない[9]。

　『成長の限界』や国連人間環境会議から得られた教訓は、戦後の工業化＝経済成長は経済外的問題＝人口爆発、環境破壊、環境制約などによって工業化＝経済成長が頓挫しうる可能性が大きいということだ。これは、工業化と非経済

外的問題は別々のものであるということではなく、量的成長のみを追求した工業化が引き起こした問題であるということだ。

　今まで成長の理想とされてきた量的成長モデルに対する警鐘は、新たな経済成長モデルを多くの国際機関、各国政府、研究者等に求めることになったのである。

## 3　新たな開発政策──BHNアプローチ

　従来の経済政策は、国家によるマクロ経済政策に重点が置かれてきたが、貧困層、労働者などの社会的弱者に焦点を当てて経済開発を模索する動きが顕在化してきた。1970年代にILO（International Labour Organization：国際労働機関）および世界銀行の雇用・貧困・所得分配問題への着目は、やがて開発目的としてのBasic Human Needs（BHN）の充足という大きな流れへと変わっていった。

　1976年に開催されたILOの世界雇用会議において、雇用の促進とBHNの充足の双方に高い優先順位をつける開発戦略が採用されるべきであると提言された。BHNとは、「社会が最貧層の人々に設定すべきミニマムな生活水準」のことである。具体的には、①私的消費用の一定のミニマムな要求を満たすこと、すなわち十分な食料、家屋、衣料、および一定の家庭に必要な設備とサービスの充足、および②社会によって、また社会のために提供される基礎的なサービス、たとえば安全な飲料水、衛生、公共運送、健康サービス、および教育サービスの充足。③働く能力と意志をもつ個人に十分報酬のある仕事を保証すること。④より質の高いニーズの充足。すなわち健康で、人間的な、満足しうる環境の充足と、人々の生活と個人の自由に影響を与える決定過程への人々の参加、の4点である。そして、以上の目的を達成するためには、次のような開発戦略の転換が必要であるとされた。すなわち、①経済成長は加速されなければならない。②成長の型は貧民が生産的資源にアクセスできるように作り直されなければならない。そのためには資産再分配のための制度改革が必要である。

③政策決定過程への貧困層の参加と、開発における女性の役割が強調されなければならない。④一国内でのこうしたプログラムを強化するために、経済改革に対する国際的な支持がなければならない。

　1978年の初めから世界銀行もBHNという概念を採用し、国際開発の世界でBHNへの援助という考えが中心を占めるようになった。そして、BHN借款の対象分野として、栄養、健康、教育、水と衛生、住居の5分野が網羅された。

　この間の開発経済学が重視してきたのは、国民経済レベルでの貧困問題である。それに対しBHNアプローチは、「貧しい人々（**絶対的貧困層**）」というミクロの主体にはじめて焦点を当てた。そのことによって開発と貧困との間に横たわるギャップを明るみに出したのである。また開発と貧困との間に楔を打ち込むことによって、貧困層をターゲットにした開発戦略という新たなアプローチが生み出されることになった。[10]

## 4　BHNアプローチとは

　BHNアプローチとは、衣食住に対する個人的消費のための家計の一定の最低必需品、社会生活にとって不可欠な社会的公共サービス（公衆衛生、飲料水など）、人々が自己に影響を及ぼす決定に参加すること、基本的人権の確立、雇用、急速な経済成長率、労働条件の質の改善などのことである。

　この基本的ニーズを充足させるための政策および手段は、地域・国家全体の成長を速め、所得分配を市場に委ねるのではなく、所得の再分配および成長によって貧困層の所得を高めることである。所得の再分配は、貧困者が供給する生産物および労働と、彼らが購入するものとの間の相対的価格の変更、貧困者への消費および投資の移動ならびに資本ストックの再分配を総合的に考慮することによって実現することができる。

　世界雇用会議では、こうした基本的ニーズを達成するために、2000年までに最貧困層の基本的ニーズを充足することを目標とする基本的ニーズ戦略（「原則の宣言」）が提案されたのである。[11]

「原則の宣言」は、多くの開発途上国における過去の開発戦略が貧困および失業の撲滅につながらなかったとして、農村および都市の非近代的部門における不完全就業や失業は、完全雇用および適当な所得を確保するために国内および国際レベル双方での、開発戦略の重要な転換が緊急に必要とされる決定的局面に到達した、と主張した。

そして、不完全就業、失業、貧困、栄養不良および無学の原因としては、第1に、国内的および国際的要素の双方によって惹起されたこと。第2に、国際的レベルでは世界経済の状態における循環的および構造的不均衡により、開発途上国の状態が悪化したことにあると指摘した。その解決のためには、完全雇用の達成および世界中の人々の基本的ニーズの充足がなされなければならず、その基本的ニーズを充足するためには、完全かつ生産的な雇用を促進し、貧困を撲滅するための適当な戦略による所得および富の公平な分配の実現を求めることが必要である。

その阻害要因として以下の点に留意しなければならないとした。

①失業、不完全就業および限界性が、現時点での世界的な関心事であり、かつ、人類の少なくとも3分の1に影響を及ぼしており、人間の尊厳を犯し、かつ、労働する権利の行使を阻害していること。

②過去20年間の経験は、国民総生産の急速な成長が多くの国において貧困および不公平を自動的には減少させることなく、また、受容しうる期間内に十分に生産的な雇用を供給することもないということを示したこと。

③現在の不満足な国際経済の状態ならびに第4回 UNCTAD 総会における失業およびその関連事項に影響する問題の討議。

④開発途上国において過去数十年間に均衡を失して拡大した非近代的都市部門の存在および農村地域における雇用機会の慢性的不足は、労働市場を圧迫し、また、国内開発政策の部門的および地域的統合を阻害していること。

⑤あらゆる国は、開発途上国の国際貿易における参加が主として、原材料、半製品および高度に労働集約的な製造業製品の輸出と高度に資本集約的な

## 第3章 物的成長から人間の成長への開発経済学

　　工業製品の輸入である現在の労働の国際分業を、国内のプライオリティに従い、他のタイプの生産を行えるように転換することが必要である。[12]

　そして、BHN を達成するための、「行動プログラム」として、以下の5点を提唱したのである。

①戦略および国内開発計画・政策は、雇用の促進および各国国民の基本的ニーズの充足を優先目的として明確に含むべきである。

②本行動プログラムにおいて理解される基本的ニーズは、二つの要素を含むべきである。第一に、家族の個人消費の一定の最低必要物、すなわち、適当な食糧、住居および衣服ならびに一定の家庭用品および家具を含む。第二に、社会全体により、かつ、社会全体のために供給される不可欠なサービス、例えば安全な飲料水、公衆衛生、公共輸送並びに保健、教育及び文化施設を含む。

③基本的ニーズ政策は、人々に影響する意思決定に、彼らの選好する団体を通じて参加することを含む。

④すべての国において、自由に選択された雇用は、手段及び目的の双方として、基本的ニーズ政策に加わる。雇用は、生産物を算出する。雇用は、被用者に所得を供給し、また、自尊心、尊厳及び社会の価値ある一員であるとの自覚を個人に与える。

⑤基本的ニーズの概念が各国ごとに特殊な活動的な概念であることを認識することは重要である。基本的ニーズの概念は、国家の全体的な経済・社会発展の関連の中におかれるべきである。基本的ニーズの概念は、いかなる状況の下にあっても生存のための最低必需品の身を意味するものと考えられてはならない。基本的ニーズの概念は、民族の独立、個人及び人民の尊厳並びにその運命を支障なく計画する自由との関連の中に置かれるべきである。

　こうした目的・理念のもとに、開発途上国において完全雇用を創出し、基本的ニーズを実現するための戦略及び政策、マクロ経済政策、雇用政策、農村部門の政策、社会政策、組織団体の参加、教育、人口政策、国際経済協力、勧告

の10項目をたて、計34の提言を行ったのである[13]。

## 5　BHNのメカニズム

BHNアプローチとは、従来の経済開発政策が、経済のマクロモデルに従って工業部門内部に戦略産業を決定し、そこに先進国の高度技術を導入し、かつ重点的な資金投下を行うことによって一国の高い経済成長を実現し、その過程で国民階層の上から下への経済成長の下で、増大した国民所得を分配しようとしたのに対し、逆に社会の最底辺にいる貧しい人びとの持つ潜在的な活力を引き出し、それに依拠して経済発展を図ろうとするところに大きな特徴がある[14]。

そのためにまず、都市と農村のターゲットグループ（絶対的貧困層）を確定し、そのグループの生産、生活両面における基盤整備を目標とする。なぜBHNアプローチが、絶対的貧困層に焦点を当てるのかというと、彼らを絶対的貧困状態から救うのはもちろん、都市でも農村でも、貧しい人びとは活力がないから貧しいのではなく、社会的制約によって活力の発揮を妨げられているから貧しいのである。政府の施策が真正面から彼らに向けられた時、貧しい人びとは一転して経済的に自立し、経済開発の一大起動力になると考えるのである[15]。

BHNアプローチは、第1に一定期間にわたって雇用の創出、資産の再分配、生産性向上政策を通して、ターゲットグループ（絶対的貧困層）の所得を引き上げること。第2は、栄養摂取、保健、教育、住宅、給水のような中核的な基本的ニーズについて、設定した目標を達成するために直接に貢献すること。第3は、低所得層が自己の可処分所得で購入し、または公共部門や地方団体が購入する、そのほかの基礎的な財・サービスの生産を増加すること。第4は、分権化、参加、自力更生を引き上げることである。これらの開発政策が意味するのは、開発計画は先ず都市と農村のターゲットグループを確定し、そのグループの生産、生活両面における基盤整備を目標にたてる。そして、生産と生活双方の改善が実現した時に始めて、絶対的貧困層の自活の道が切り開か

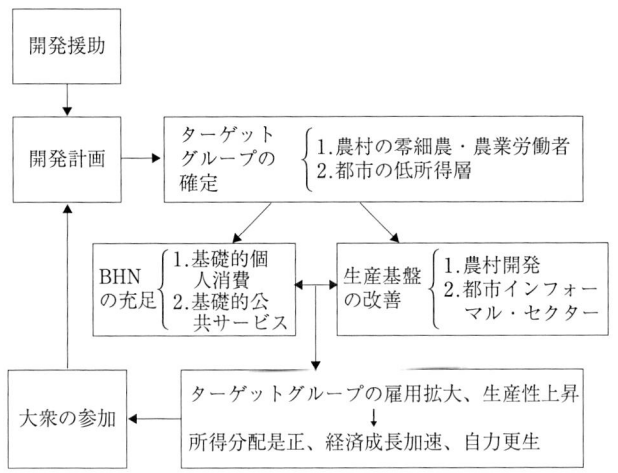

第**3**章　物的成長から人間の成長への開発経済学

図3-4　BHN アプローチの図式

```
[開発援助]
    ↓
[開発計画] → [ターゲット    { 1.農村の零細農・農業労働者
              グループの      2.都市の低所得層
              確定        }
              ↓          ↓
         [BHN  { 1.基礎的個人消費 }]  [生産基盤 { 1.農村開発
          の充足  2.基礎的公共サービス    の改善    2.都市インフォー
                                                  マル・セクター }]
              ↓          ↓
[大衆の参加] ← [ターゲットグループの雇用拡大、生産性上昇
                     ↓
                所得分配是正、経済成長加速、自力更生]
    ↑_____|
```

出典：植松忠博『地球共同体の経済政策―絶対的貧困と BHN 開発戦略、国際社会保障』成文堂、1985年、60頁。

れ、貧困層の自力更生と国内の所得分配の是正が実現しうる。そのためには、BHN 開発政策が下から支えられること、すなわち国家の開発計画が地方分権化し、地域の実情を把握すること、また絶対的貧困層自身が地域の開発計画に積極的に参加することが重要である。

従って、BHN 開発政策と国家の福祉政策の相違を明確に認識する必要がある。言い換えれば、BHN アプローチは、福祉政策ではなく、貧困層への就業機会の創出、資産の再分配、労働生産性の上昇などを通して彼らの所得を引き上げることに重点が置かれているということである（傍点は筆者）（図3-4）。[16]

要するに、絶対的貧困層に、福祉的援助を施すだけでは、彼らは、一時は生活は潤うかもしれないが、長期的には窮乏状態から脱出することはできない。重要なのは、彼らが自ら所得を得る手段を獲得することである。そのためには、誰をその窮状から救うのかを、具体的に抽出しなければならない。これが、BHN アプローチが福祉政策と異なる点である。

第Ⅱ部　開発経済学の展開

## 6　BHN登場の背景

　1970年代にBHNアプローチが大きな影響力を持ったのは、二つの援助機関・国による政策転換が大きい。一つは、世界銀行であり、もう一つはアメリカである。世界銀行は、1973年にマクナマラ総裁の総会での演説で「絶対的貧困とは基本的人間の必要性の犠牲を否定について疾病、文盲、栄養不良によっておとしめられた生の状態とその犠牲者の基本的人間のニーズを否定する不潔な状態のことである。」と「貧困との戦争」を訴えた。アメリカもやはり1973年に「対外援助法」を改正し、基本的ニーズ項目を始めて明示すると共に、二国間開発援助の中でこの種の援助を強化することを決定した。この対外援助法は、「新路線（New Direction）」と呼ばれるもので、新しい方向に向かうという意味を込めて米議会でそう呼ばれた。この新路線による援助は、開発途上国の人々に欠けている基本的な人間の欲求（=Basic Human Needs）を満たすことに重点を置いた。それは、従来の援助とは異なり、開発途上国の富裕層を援助するのではなく、貧困層に直接援助が届くように行うという意味で「貧困者直轄方式（Poor Targetting Approach）」とも呼ばれた。

　このBNHアプローチに沿った政策は、その後リチャード・ミルハウス・ニクソン（Richard Milhous Nixon）、ジェラルド・ルドルフ・フォード・ジュニア（Gerald Rudolph "Jerry" Ford, Jr）、ジミー・カーター（Jimmy Carter）と3つの政権にわたって継承された。

　特に、カーター政権は、BHN援助と人権外交を結びつけた。それにより、援助の基準がその国が人権弾圧国か否かによって決められることになった。その際、BHN援助の内容として注意すべき点として、①BHN援助は全くの新しい援助ではなく、援助の重点が移動したと捉える、②貧困問題は、開発途上国が抱える諸問題の内の1つにすぎないということを認識し、政策の実施に当たっては特定の限られたプロジェクトにしか援助をしないというのではなく、柔軟に対応すること、③特に貧困層への直接のサービスの提供は、その分だけ

第**3**章 物的成長から人間の成長への開発経済学

生産部門の拡大を減らすことになりかねないので、直接のサービス提供は、当該国が自己の財源で賄える範囲にとどめること、などである。[21]

こうした流れの中で、1976年のILOによる、基本的ニーズを充足させるための、「原則の宣言」と「行動計画」が採択された。開発援助を通した貧困解決ではなく、絶対的貧困層に対する基本的ニーズの提供とそのための雇用創出という新しい開発戦略が登場したのである。

しかし、1977年にアメリカ・カーター政権がBHNへの援助と人権外交を結びつけて、人権抑圧国に対する経済援助制限政策を打ち出し、またOECDのDAC（Development Assistance Committee：開発援助委員会）の上級会議が、BHN援助を1980年代の基本政策に据える決定を行うや、開発途上国は一斉にBHNアプローチを批判し始めるようになった。

その批判の内容は、第1に、先進国がNIEOに消極的に対応しながら、他方ではBHN援助を進めるのは、BHNアプローチをNIEOへの代案として利用するものだということ。第2に、先進国による開発援助が低水準で推移している現状でBHN援助を行うということは、結局は、絶対的貧困層の多い最貧国に援助を集中することになり、それ以外の途上国への援助の打ち切りにつながりかねないということ。第3に、個々の開発途上国の工業化計画に対して、BHN援助を提供することは、特定の価値判断（貧困撲滅を最重要課題とする）を持ち込むものであり、これは途上国に対する内政干渉にあたり、結果的には開発途上国の経済成長を減退させる、という批判である。[22]

こうした批判は、例えば1979年に77ヶ国グループが結集して開催されたアルーシャ会議で「人間の基本的ニーズの充足および大衆的貧困の撲滅は、経済的社会的発展において高い優先順位を与えられるべきではあるが、しかしこの目標が、全面的かつ包括的な経済発展とNIEOの確立なくして達成しうると考えるのは、誤謬であり容認し得ないものである。」と採択したように、途上国は国際会議の場で、BHNアプローチを批判し始めたのである。[23]

このように既存の世界経済体制＝ブレトン・ウッズ体制を維持しながら、開発途上国の貧困問題を効果的（少ない費用で）に解決しようとする先進国と、

NIEO の構築を全面に掲げ、有利な国際環境の下で工業化戦略を展開しようとする開発途上国との間で、政治的対立が BHN 論争という形で展開されたのである[24]。

しかし、こうした BHN をめぐる論争も1980年代に入ると、急速に終焉するようになる。それは、BHN 援助を人権外交と結びつけてきたカーター政権に代わり1981年にロナルド・ウィルソン・レーガン（Ronald Wilson Reagan）政権が登場したことによる。レーガン政権は、カーター政権時代に行ってきた国際機関を通した多角的援助から、二国間援助に切り替え、さらにその2国間援助についてもアメリカにとって安全保障上重要な地域・国（エジプト、イスラエル、エルサルバドルなど）に対する経済援助にシフトしたことである。また、経済援助よりは軍事援助に力を注ぎ始めたこともあげられる。

また、BHN を世界中に知らしめた世界銀行総裁マクナマラに代わって就任したアルデン・ウィンシップ・クローセン（Alden Winship Clausen）は、世界銀行自身の融資ペースを落としただけではなく、開発途上国支援については民間資本を活用し始めたのである。民間資本の活用は、言い換えれば出資企業や出資銀行の採算に合うプロジェクトにしか資金が回らないということを意味し、これは BHN アプローチが目指す、貧困撲滅には必ずしも合致しない。

こうして BHN アプローチは、その資金の出し手であるアメリカや世界銀行の方針転換により、開発政策の一貫として推し進めるべき先進国が手を引き、一方、経済開発を熱望する開発途上国からも批判されるという形で、否が応でも終焉せざるを得なくなったのである[25]。

## 7 BHN アプローチの意義と限界

1980年代に急速にその影響力を喪失していった BHN アプローチであるが、その意義はどこにあるのか。シンガーは次の3点を上げた。
　①貧困を減少させるあるいは根絶するという消極的な概念を、BHN を満足させるというより積極的で操作可能な概念によって置き換えた。

②貧困を所得という単なる貨幣的な観点による定義から、カロリー摂取あるいは教育へのアクセスといった具体的に示される物的なニーズの観点による定義によって置き換えた。

③BHN は財とサービスに限定されるものではなく、健康、教育、衛生、運輸、水へのアクセスをも含むという意味でも、貧困の縮小という考え方よりも優れている。

一方、ポール・ストリーテン（Paul Streeten）らは、上記と同じ評価を下しながらも、雇用志向戦略および成長を伴う再分配戦略に共通する弱点として以下の3点を上げた。

①農産物価格の上昇や労働集約的技術の導入といった手段は、しばしば意図された結果を伴わなかった。それどころか、最終的には当初の所得分配と権力の分配を維持することにつながった。

②貧困層のための社会サービスが無視された。

③経済を強調するあまり、政策の最終目標が失われた。重要なことは単に物的な貧困を撲滅することではなく、すべての人々の彼らのもてる潜在能力を十分に開発できるような機会を作り出すことである[26]。

この意義は、その後1990年代に登場する人間開発論に受け継がれ、今日に至っている。それまでの物的成長から、質的成長ひいては人的成長をめざす新たな開発戦略の第一歩ということができる。これは新古典派経済学であれ、それ以外の開発経済学であれ、人間の精神的豊かさを考慮した成長理論、貧困層が自立するような開発戦略でなければ、それはもはや途上国はもちろん先進国でも時代遅れの理論となったことを意味する。

一方、BHN アプローチの問題点は、雇用を創出し、市場で賃金を稼ぐことができる人＝自立した人間という図式が、結局は資本の要求に応える人間を作り出すことにすぎず、真の意味での自由とは言えない、という問題が残った。この点は、第6章で見る人間開発にも当てはまるものである。要するに今求められているのは、市場とどう付き合って自立・自由を高めていくのか、が真の意味での発展ということになるのである。

第Ⅱ部　開発経済学の展開

〈注〉
1）　景気停滞を意味するスタグネーション（stagnation）と物価上昇を意味するインフレーション（inflation）の合成語。経済活動が停滞しているにもかかわらず、インフレが続く状態を指す。1970年代に発生し、先進各国はその対応に苦慮した。
2）　外務省『昭和54年版　わが外交の近況』（第23号）、169～170頁。
3）　Donella H. Meadows, Dennis L. Meadows, Jorgen Randers, William W. behrensⅢ, "The Limits to Growth : A Report for CLUB of ROME'S Project on the Predicament of Mankind" Universe Books, New York, 1972. ドネラ・H. メドウズ、大来佐武郎監訳『成長の限界：ローマ・クラブ「人類の危機」レポート』ダイヤモンド社、1972年、11～12頁。
4）　同上書、179～183頁。
5）　『成長の限界』は、その内容があまりにも悲観的すぎたので、その20年後に同じくメドウズが書いた『限界を超えて―生きるための選択』では、悲劇的結末を乗り越えるためのいくつかの方途が提示されたほどである。
6）　アジア通貨危機とは、1997年7月にタイの通貨バーツの急落を契機に発生した、アジア各国の急激な通貨下落のことである。その後、通貨下落による資本流出の結果、国内の金融機関や企業の倒産が相次ぎ、国内経済が停滞する経済危機が発生した。
7）　金融機関が比較的信用力の低い人に貸し出す住宅ローンのことで、通常のローンと比べて審査基準は甘いが、金利は高い。優遇金利を「プライム」と言うのに対し、その補助的なローンという意味で「サブ」がつけられ、サブプライムローンと呼ばれた。2003年以降上昇が続いてきた住宅価格が頭打ちになったため、金利の低いローンへの借り換えができなくなり、延滞や差し押さえが増加し、2007年夏頃破綻が顕在化・拡大した。
8）　リーマン・ブラザーズ（Lehman Brothers）とは、ヘンリー、エマニュエル、マイヤーのリーマン兄弟によって1850年に創立された、アメリカ第四位の規模を持つ巨大証券会社・投資銀行の一つである。2008年9月15日に連邦倒産法（日本の民事再生法に相当）の適用を申請し倒産した。世界金融危機の引き金となり、世界経済に大きな影響を与えた。
9）　この国連人間環境会議では、「かえがえのない地球（ONLY ONE EARTH）」のために、「人間環境宣言」や「行動計画」が採択された。『平成3年版　環境白書』第2章第2節。2001年、82～83頁。
10）　外務省経済協力局『平成12年度　経済協力評価報告書（各論）』2001年、191頁。

11) 労働省大臣官房国際労働課『世界雇用会議報告書』1976年、10頁。
12) 同上書、47～48頁。
13) 同上書、49～57頁。
14) 植松忠博「発展途上国の開発戦略　新しい戦略を求めて」本多健吉編『南北問題の現代的構造』日本評論社、1983年、208頁。
15) 同上書、213頁。
16) 同上書、212頁。
17) 同上書、214頁。
18) R. S. McNAMARA, *"ADDRESS to the BOARD of GOVERNORS 42031"*, World Bank, 1973.
19) 植松、前掲書、214～215頁。
20) 川口融『アメリカの対外援助政策―その理念と政策形成』アジア経済研究所、1980年、337頁。
21) 同上書、366～367頁。
22) 植松前掲書、215頁。
23) 同上書、216頁。
24) 同上書、216頁。
25) 同上書、216～218頁。
26) 絵所秀紀『開発の政治経済学』日本評論社、1997年、105～106頁。

### self study
①絶対的貧相とはどのように定義されるか、各国際機関の定義を調べてみよう。
②戦後のアメリカの援助政策の変遷を調べてみよう。

### exercise
①BHNアプローチの意義・課題・問題について整理してみよう。
②豊かさとは何かについて考えてみよう。

# 第4章

# もう1つの潮流としての開発経済学

● 従属理論の発展と開発途上国

## *1* 第三世界運動の高揚と従属理論

　第1回 UNCTAD の昂揚は、既存の世界経済システムを突き崩し、新たな世界経済システム——それは開発途上国の主張を採り入れた南北間の不平等格差是正を目指すもの——がすぐにでも構築できるものと思われた。しかし、実際には南北間の経済格差は縮小するどころか、逆に拡大し、開発途上国のフラストレーションは高まる一方であった。その結果、前述したように1970年の第25回国連総会では1970年代を「第2次国連開発の10年」と位置づけ、より精緻な目標値を設定することになった。

　具体的には、途上国の目標経済成長率を年平均6％、1人当たりの年平均GDP 成長率を3.5％と設定した。また各部門別には、農業生産を年平均4％、工業生産を年平均8％、国内貯蓄率を年平均0.5％ずつ上昇させ、1980年には20％まで引き上げることにした。[1]

　そして、1974年には第6回国連経済特別総会が開催された。国連が経済問題について特別総会を開催したのは、この会議が初めてであり、その意味で注目すべき会議となった。さらに、この会議の位置づけを決定的にしたのは NIEO の採択である。これは、第6回国連総会に先立って開催された、第4回非同盟諸国首脳会議で提唱された NIEO という概念が採用されたものであるが、開

第**4**章　もう１つの潮流としての開発経済学

発途上国の主張が国連という国際機関の場で先進国の同意をもとりつけた意味は大きい。これ以降、NIEO は UNCTAD をはじめとして国連の全ての南北交渉を支配する開発途上国の指導原理となり、第三世界運動に大きな影響をもたらすことになった。

　こうした中で、開発経済学の分野においても、新たな潮流が台頭しはじめた。それはマルクス経済学を源泉とし、第三世界の中から生まれた従属理論である。従属理論そのものの誕生は、第２次世界大戦終結直後からであるが、開発途上国のみならず、先進諸国へもその理論が波及していったという点では、1970年代の一大潮流ということができる[2]。

　本章では、1970年代の第三世界運動の昂揚の中で、一大潮流をなした従属理論の特徴と限界を明らかにすることを目的とする。

## **2**　プレビッシュの周辺資本主義論

　開発戦略は、周辺諸国と中心工業国との協調的行為である。また、必要不可欠な措置の体系的組み合わせであり、それぞれの措置が相互に結びついて始めて達成できる。

　開発戦略の狙いは、経済的、社会的な開発テンポを速めるために解決しなければならない３つの重大問題、すなわち、根強い対外貿易不均衡化の傾向，貯蓄ギャップ、対外収支の体質的弱さの問題に向けられなければならない。まず、対外貿易不均衡化を是正するためには、先進国が、自国市場に対する周辺諸国の輸出品の接近を容易にすることが必要である。さらに、周辺諸国の互恵貿易の拡大が実現されなければならない。次に、貯蓄ギャップを解消するためには、中心工業諸国は、国際金融を周辺諸国が十分に利用できるようにし向ける必要がある。一方、周辺諸国は十分に調和の取れた開発計画に基づいて対外不均衡化傾向を阻止するために、自己資本の動員を増大することを計画し、かつ周辺諸国の対外収支の体質的弱さと、それが国内に及ぼす影響とを緩和することに役立つようにしなければならない。この貯蓄ギャップ改善のためには、

成長率の上昇は必要であり、それは生産性の上昇に基づいている。

　生産性の上昇は資本投資の増大に依存していることを忘れてはならない。従って、開発戦略の重要な目的の１つは、原動力不足の事態を防ぐような成長率を達成するために、国際資本の流れを国内投資資金の動員と結びつけることである。いったんこの必要最低限度の目的が達成できたならば、この状況を実現するような一段と高い成長率の達成に、専念することが可能となる。そして、この目的が達成されるならば、貯蓄ギャップの漸進的縮小が可能となる。最後に、対外収支の体質的弱さを克服するためには、生産国（周辺諸国）と消費国（中心工業国）との間の商品協定は、協調的な措置を含む、総合的なものにならなければならない。[3]

　全世界的な開発戦略という概念は、新しい問題、すなわち第三世界の問題を解決すべき至上命令を達成することを意図している。この問題は、その性質と規模からいって、開発戦略の出発点として、新解釈を要する新しい複雑な問題なのである。この問題は、現在の先進国において、第１次産業革命が始まった過程においては、このような形では現れなかった。何年にもわたって漸進的発展過程の中で、先進国は非常に複雑・高価な生産技術を会得した。この生産技術こそは周辺諸国が緊急に、しかも本質的に異なった条件の下で、取り入れなければならない技術なのである。科学技術に内在する矛盾が上手く克服されるならば、それは開発への近道となり、かつ周辺諸国の歴史的な成長率よりもはるかに急速な前進を可能ならしめるという絶対的利点を持っている。

　しかし、現実には技術進歩がもたらす利益は、それを開発した中心工業諸国に集中する傾向がある。さらに問題を複雑にしているのは、中心工業国内においても遅れた経済部門があるということだ。農業部門がそれである。中心工業諸国は農業所得が経済全体の進歩に遅れをとることを防ぐために、農業保護政策をとることが必要になる。

　そして、周辺諸国で必要としている資本が中心工業諸国に流入するがままになっており、周辺諸国はそれを制止するダイナミックな力を備えていない。さらに、重要なことは、高い技術を身につけた人材が周辺諸国から、機会と収入

に恵まれた中心工業諸国へ流入し、周辺諸国の開発を阻害していることだ。要するに、途上国の開発にとって必要な資本と人材が、逆に先進国に流出してしまっているということだ。これでは、南北格差は拡大する一方である。

従って、開発戦略は強力な技術および資金協力措置を講じて、大がかりに中心工業諸国に流れる資本と人材に対処しなければならない。[4]

## 3 フランクによる世界資本主義認識

従属理論の体系化に貢献したアンドレ・グンダー・フランク（Andre Gunder Frank）は、既存の**世界経済システム**を資本主義の歴史過程の中から捉えようとした。そして多くの開発途上国が陥っている低開発とは、植民地遺制の残存や資本の不足に原因があるのではなく、「経済発展を生み出しているのと同じ歴史過程、つまり資本主義の発展そのものによって創出されてきた[5]」と主張した。

フランクが考える低開発とは、原始的な段階や伝統的社会を指すのではない。現在の先進諸国は、かつて未開発だったことはあるかもしれないが、低開発であったことは無い、ということである。すなわち低開発≠未開発ということである。言い換えるならば、現代の途上国の低開発という状態は、過去から続いている**低開発衛星諸国**（satellite）と**先進的中枢諸国**（metropolis）の間の経済を始めとする諸関係の歴史的所産によって、創りだされたものということである。そして、この**中枢-衛星関係**こそ、現在の資本主義体制の構造と発展の本質的部分をなしているのである（図4-1）。[6]

さらに、現在の開発途上国内の近代

図4-1　資本主義世界体制（中枢-衛星関係）

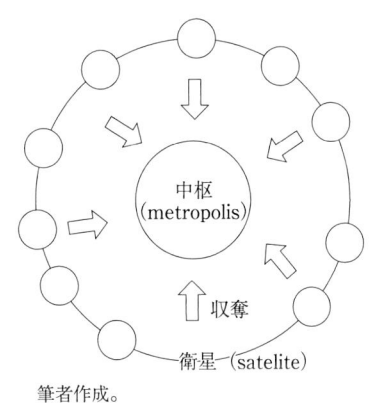

筆者作成。

**図4-2　中枢-衛星構造の中での発展・低開発の仮説Ⅰ**

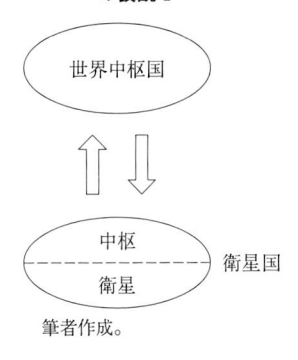

（世界中枢国）
　　↑↓
（中枢------衛星）衛星国

筆者作成。

的・先進的部分と、伝統的・後進的部分の混在も、この資本主義世界経済システムによって創り出されたのである[7]。

　要するに、現在の世界資本主義の歴史は、①発展＝低開発の創出であり、②その低開発とは先進国と開発途上国との中枢-衛星関係の中から生まれ、③この中枢-衛星関係こそ世界資本主義体制の構造かつ発展要因なのである。南北関係が単に帝国主義時代の支配-被支配という特殊歴史的関係から生まれたのではなく、資本主義の生成・発展という歴史過程の中から創られた、という点が重要なのである。

　従って、フランクによる世界資本主義の認識とは、この発展と低開発がもたらす世界的中枢-衛星構造の中で中枢は発展を遂げ、衛星は低開発に陥るという仮説の基に得られた認識なのである。第1は、この歴史過程の中から形成される従属構造とは、世界中枢国が遂げる発展に比べると、他の先進中枢国内の中枢、または衛星国内の中枢の発展は、その衛星的地位のために制約されている。言い換えるならば、ほんの一握りの世界中枢国のみが、なんの制約も受けずに発展することができ、他の先進国や、衛星国内の中枢部分も国としての衛星的地位のために、制約を受けながら発展せざるを得ない（図4-2）。

　第2に、衛星国の中でも中枢国との絆（＝関係）が弱ければ弱いほど、経済発展を遂げる可能性が高い。例えば、第一次・二次世界大戦時と大戦間の大不況期に、アルゼンチン、ブラジル、メキシコ、チリなどは、貿易と投資の絆が弱まったおかげで、衛星国であっても自立的な工業化と成長を開始することができた。さらに、資本主義体制との絆が比較的弱く、それに包摂されることがなかった地域、すなわち地理的・経済的孤立をしていた地域ほど、工業化を達成したということである。その具体的な例として、明治維新以後の日本が挙げられる。日本は江戸時代に世界経済から孤立（鎖国）し、明治時代に世界経済

体制に巻き込まれ（衛星化され）なかったが故に、経済発展が構造的に制約を受けず、工業化を成し遂げることができたのである。しかし、中枢国が危機を克服し、貿易と投資を再開して衛星国を体制内に包摂すると、あるいは、以前孤立していた地域を世界体制に包摂しようと拡張すると、これら地域の発展と工業化は抑制されるか、それとも非自立的で見込みのないものにされてしまうのである（図4-3）。

**図4-3　中枢-衛星構造の中での発展・低開発の仮説Ⅱ**

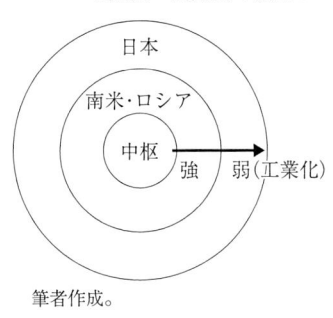

（同心円図：外から「日本」「南米・ロシア」「中枢」、中枢から外向きに矢印「強→弱（工業化）」）

筆者作成。

第3に、今日最もひどい低開発状態にあり、しかも封建的様相を呈している地域こそ、かつて中枢国との絆が最も密接だった地域である。これらの国の特徴として、中枢国に対して最も主要な第1次産品輸出国であったと同時に、中枢国にとって最大の資本の源泉にもなっていたということである。ところが、何らかの理由で景気が落ち込みを見せると、中枢国によってこの地域は放棄されてしまったのである。かつて砂糖輸出地域であった西インド諸島やブラジル東北部・ミナスジェライス、ペルー高原、ボリビア、メキシコ中央部のグァナファト、サカテカス両州の地域がそれだ。これらの地域は、その黄金時代に世界資本主義体制の発展に加わることにより、資本主義的輸出経済という典型的な低開発構造を背負わされてきたが、砂糖市場と工業資源が枯渇するや、中枢国が自らの利益のためにこの地域を放棄したことにより、既存の経済・政治・社会構造のために自立的経済発展は不可能となり、今日のような低開発国へと転落してしまったのである（図4-4）。

**図4-4　中枢-衛星構造の中での発展・低開発の仮説Ⅲ**

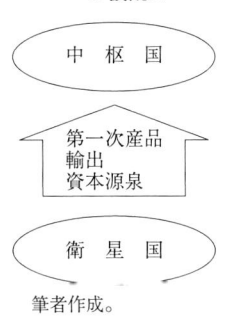

（図：「中枢国」と「衛星国」の楕円、間に「第一次産品輸出／資本源泉」の矢印）

筆者作成。

第4に、**ラティフンディオ**（今日のプランテーション）は商業的企業の典型であり、それは国内外における市場の需要拡大に対して、土地、資本、労働力の増

大で応じ、その製品の供給を増大させる制度を自ら創り出した、ということである。

　第5に、今日孤立して必要最低限の生活水準を保っているラティフンディオは、自らの製品と生産能力に対する需要の減少に直面し、経済活動が全般的に衰退したかつての農産物・鉱物輸出地域に主に見られる現象である[8]。

　以上のことからフランクは以下のようなテーゼを導き出す。すなわち、開発途上国における低開発とは、資本主義的発展と資本主義自体の内部矛盾の必然的な産物である、ということだ。では、どのような矛盾なのか。それは、多数者からの経済余剰の収奪と少数者によるその流用、資本主義体制の中枢と周辺衛星部への両極分解であり、さらにあらゆる時と場所でこれらの矛盾の持続・再生によって、資本主義体制の拡張や形態変化の歴史を通じてその基本的構造が連続することである。資本主義の諸矛盾や資本主義体制の歴史発展は、経済余剰を収奪された周辺衛星部に低開発を生みつつ、その余剰を流用している中枢に経済発展を招くこの過程が一層続く、ということである[9]。

　ここでフランクが掲げた経済発展や低開発の原因となる3つの矛盾とは何か。第1は、経済余剰の収奪‐流用という搾取関係である。この関係は、連鎖状をなして、資本主義的世界中枢と国内中枢との関係を、地方中心地へと、さらには地方中心地から地域中心地や大地主・大商人にいたるまで貫徹している。この過程の各段階において、上位に位置する少数の資本家は下位の労働者・農民に対して独占的力を行使し、経済余剰を収奪する。このように各段階において、国際・国内・地方の資本主義体制は、少数者に経済発展を、多数者に低開発をもたらすのである。

　第2は、中枢‐衛星の両極分解の矛盾であり、しかもこれは最も重要な矛盾である。それは中枢国が自己の衛星国から経済余剰を収奪し、それを自己の経済発展のために流用することによって生じる。衛星国は自己の余剰を自由に利用することができないため、また中枢国によって衛星国の国内経済構造に導入・残存させられたこの両極分解や搾取という矛盾によって、低開発のままにおかれる。このような状態が導入・維持されると、支配的地位を強める中枢国

にさらなる発展をもたらし、従属化する衛星国にさらなる低開発を強いることになる。この矛盾は中枢国と衛星国の一方ないし双方が資本主義を廃棄するまで続く。

従って、経済発展と低開発とはコインの裏表の関係なのである。両者は、世界資本主義体制の内部矛盾の必然的結果であり現代的表現である。資本主義の世界的拡張・発展という同一の歴史過程の中で、経済発展と構造的低開発の両方を同時に生み出し、今も生み出しているのである。

第3は、変化の中の連続という矛盾である。これは、資本主義体制の拡張と発展を通じて経済発展と低開発の構造的本質が連続し、いかなる時と場所においても広く存在しているという矛盾である。構造的安定と連続性は、世界的規模での拡張と発展とを通じて、資本主義体制は全体として本質的構造を維持し、同じ基本的矛盾を創り出している[10]。

以上のようなフランクによる世界資本主義の歴史にもとづいた従属構造の帰結は、衛星国の発展は、現在も将来も世界資本主義のもとでは不可能であり、また衛星国の世界資本主義への統合は、いっそうの低開発を生み出すだけであり、さらに1970年代のNICsの経済発展について、輸出志向型製造業の発展であると同時に、労働者階級への抑圧を前提としており、それはいかなる意味においても発展と呼ぶことはできない、と否定する。フランクによれば、衛星国の発展は現在の世界資本主義システムからの離脱以外にはあり得ず、現在高成長を遂げているとされるNICsの本質は、国内の労働者階級への収奪を前提としたものであり、階級対立を深刻化させることになる。他方の犠牲の上になり立つ社会（＝経済発展）は真の発展とは異なる。これは資本主義の矛盾の激化である、ということなのである。

フランクは、南北問題の本質を開発途上国の国内問題というよりは、世界資本主義システムとの関わりの中から捉えようとした。特に、先進国の発展＝開発途上国の低開発という関係で捉えることにより、その関係の切断（＝世界資本主義システムからの離脱）こそ開発途上国の発展の道である、と考えたのである。

## 4 アミンの社会構成体論

一方、フランクの世界経済史認識に対して同じ従属理論の立場に立つサミール・アミン（Smir Amin）は、先進国、開発途上国それぞれの国内の社会構成体に注目し、そこから従属構造の本質に迫ろうとした。アミンによれば現在の世界システムは**中心-周辺**（center-periphery）**関係**から成っており、それぞれの構成体の違いこそ、従属関係を決定的なものとしていると結論づける。

以下では、アミンの "L'accumulation a l'echelle Mondiale"（『世界資本蓄積論』）をもとにアミン従属論をみていく。

まず、出発点は「低開発」という概念にある。すなわち、低開発とは貧困と同一視されており、その結果、貧困を衛生、文盲、栄養、死亡率などの表現に言い換えられ、分析の内容の欠如をありきたりの言葉で埋められる場合がある。しかし、問題なのは、低開発諸国を発展途上の初期段階と同一視することである。これは本質的事実が捨象されてしまうことを意味する。すなわち、低開発諸国は、世界体制の一部分を構成しているのであり、1つの歴史を持ち、この歴史がそれらの諸国の独自の構造を創り上げ、この構造は近代世界に統合される以前の時代の面影を持たないということだ。[11]

では、低開発が明らかになる構造上の特徴とは何か。①部門間生産性の不均等、②経済体制の非接合性、③外部からの支配である。これらは途上国にとって伝統的な性格のものではないのである。[12]

部門間生産性の不均等とは、異なる経済段階に属する諸構造の異質性は、ある部門と他の部門の間の生産性の大きな格差によって明らかにされる。そして、部門間の間には連係が見られない。

第2に低開発経済における種々の部門間の連携の欠如は、低開発経済の非接合によってもたらされる。先進国経済は、産業間あるいは部門間取引を内部で緊密に結びついた1つの統合体を構成している。一方、途上国経済は、取引の大部分が外部世界と行われ、内部取引があまり重要でない部分でしか行われな

第 **4** 章　もう 1 つの潮流としての開発経済学

いという部門からなっている。

　第 3 に経済が接合されていないため、一部門の発展が他部門に対して連関効果を及ぼすことができない。このような効果は、すべて供給国から海外に移転されてしまう。つまり低開発経済における諸部門は、支配する側である先進経済の延長として現れる。この非接合性とその必然的帰結である生産性の不均等は、開発諸国に固有なものとは全く違う国内総生産と投資の配分構造を通じて現れる。

　こうした特徴は、経済成長が続くにつれ周辺部はますます周辺化されていくという問題をはらんである。要するに、中心部において成長は発展であり、周辺部では、成長は発展ではない。すなわち、世界市場への統合に基礎をおいている周辺部の成長は、「低開発の中の発展」なのである[13]。

　そのため、開発と低開発の理論は、世界資本蓄積論として理解する必要がある。全体統合という特徴を持った自立的な前資本主義的経済・社会と、外部から資本主義をもたらした植民地化という歴史的事実を通じて支配的な資本主義世界へ組み込まれた経済・社会を混同することは、低開発理論の誤った考え方の源である[14]。

　またアミンは、中心部と周辺部からなる世界体制という概念をも明確にしている。その際、社会構成体概念と生産様式概念が区別される[15]。すなわち、社会構成体とは、そこに支配的な生産様式と、その生産様式の周囲でそれに従属している諸生産様式の複雑な集合が組み合わされるなかで、支配的生産様式によって特徴づけられる具体的な構造（structure）に他ならない[16]。先進国＝中心部の構成体と開発途上国＝周辺部の構成体との関係は、価値の移転によって清算される。これが世界的規模における資本蓄積という問題の本質を構成しているのである。資本主義的生産様式が前資本主義的生産様式と関係をもつ時には、資本の**本源的蓄積**のメカニズムの結果として、前資本主義的生産様式から資本主義的生産様式への価値の移転が生じる。現在の世界資本蓄積も中心部に有利に働く資本の本源的蓄積の諸形態である[17]。

　それゆえ低開発という現象は、中心部に有利な本源的蓄積現象の執拗な存続

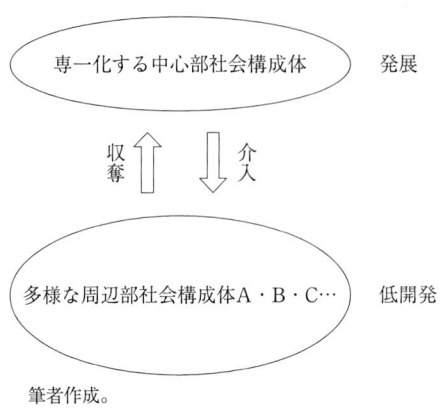

#### 図4-5　アミンによる社会構成体論

```
┌─────────────────────┐
│ 専一化する中心部社会構成体 │　発展
└─────────────────────┘
      ↑収　↓介
      　奪　　入
┌─────────────────────┐
│ 多様な周辺部社会構成体A・B・C… │　低開発
└─────────────────────┘
```
筆者作成。

の結果にすぎない。本源的蓄積は資本前史の中にのみ存在するのではない。それは恒久的に存在し、現代にも存在する。さらに、低開発や第三世界という言葉も、周辺資本主義構成体という概念に置き換えられるべきである、としている[18]。

さて、資本主義的生産様式が深化すると、同質化する傾向が生まれる。例えば、ブルジョアジー（資本家階級）とプロレタリアート（労働者階級）という、二大階級への収斂等である。しかし、資本主義的生産様式が外部から導入されると、同質化傾向ではなく、周辺部構成体の継続的な異種混合的性質を帯びる。これは**二重社会論**を意味するのではない。一方では、以前から存在していた前資本主義的生産様式の性質があり、他方では世界体制への統合の形態と時期に依存した性質である（図4-5）[19]。

従って、低開発とは、1人当たり生産物レベルによって明らかにされるものではない。低開発諸国と、開発の初期段階にあった現在の開発諸国との混同を許さない、固有の構造的特徴によって明らかにされるものである。その特徴とは、①中心部から伝達される価格システム内における、周辺部での生産性配分に特徴的な、極端な不均等性。この不均等性は周辺部構成体に固有の性質をもたらし、この構成体における所得分配構造を大きく規定している。②中心部の必要のための周辺部の生産の方向調整からくる非接合性が、発展の極から経済総体への経済的進歩の恩恵の伝播を阻んでいる。③中心部による経済的支配は、国際特化の形態（そのなかで中心部が、自身の必要にあわせて周辺部を形成した世界貿易構造）、および周辺部の成長への融資構造の従属性（外国資本の蓄積のダイナミクス）において現れるのである[20]。

第4章　もう1つの潮流としての開発経済学

## 5　ウォーラステインによる世界システム論

　今までみてきたように、フランク、アミンは世界資本主義の本質を中枢‐衛星、中心‐周辺という二層構成システム（bi-modal system）として捉えた。これに対し、インマニュエル・ウォーラステイン（Immanuel Wallerstein）は、16世紀においても今日においても、世界経済の中核と周辺は、2つの別々の「法則」を持つ別々の「経済」だったのではなく、異なる機能を果たすセクター（部門）を持つ1つの資本主義経済システムからなっている、と捉える。というのも、二層構成システムでは、多くのことが説明できないからである。そこで、「サブ帝国的」国家、「仲介者国民」のような用語が登場してきた。しかし、これらはそれらの役割のただ1つの面だけを強調しており、それぞれは重要な役割ではあっても基軸的役割ではない。従って、ウォーラステインは現行の世界システムにおいてそれらが不利な立場にあることを強調するために、半周辺国と呼ぶ。最も重要なことは、このシステムは、**中核‐半周辺‐周辺**（core‐semi-periphery‐periphery）という三層構成的（tri-modal）であることなしには機能できず、半周辺国がそのシステムの中で演ずる複雑さを解明する必要がある、と説く。[21]

　なぜ、世界システムは三層構成からなるのか。言い換えるならば、資本主義世界システムは、次の理由から半周辺セクターを必要とするのである。1つは、政治的理由であり、もう1つは政治経済的な理由である。政治的理由とは、不平等な報酬に基礎をおくシステムは、抑圧された部分の政治的反乱を常に心配する。少数の高地位と高所得のセクターが、同じシステムの中で、圧倒的に多数の人々を包括する、相対的に同質の低地位と低所得のセクターと対峙しているとすれば、このような状況を伴う分極化されたシステムは、極めて急速に自覚的（für sich）階級形成と激しい壊滅的な闘争とをもたらす。この危機から逃れる主な政治的手段は、「中間層」セクターを創出することである。なぜなら「中間層」セクターは、自らの状態を上位セクターより悪いと考えるよ

りもむしろ低位セクターよりも良いと考えがちだからである[22]。

　もう1つは、単一の経済の内部に国家が多数あるということは、利潤を追求する売り手にとって有利な状態をもたらす、ということである。なぜなら、第1に、単一の政治的権威がないということは、誰かが世界システムの一般的意志を法制化することを不可能にし、かくして資本制的生産様式を制約することも不可能にする。第2に、国家機構の存在は、資本家的売り手が市場の作用に対して頻繁に必要となる人為的抑圧を組織することを可能にしているからである[23]。

　しかしこのシステムには、中核国にとって不利な点が1つある。それはたとえば中核国における労働賃金の上昇である。中核国の賃金の上昇は、指導的な経済的生産者の経済的不利益の増加を伴っているとはいえ、まさに当の指導的生産者による、不断の技術的進歩や急速に旧式化する固定資本への大量投資があれば、相対的生産費の低下に結びつく。個々の資本家にとっては、衰退していく指導的産業セクターから上昇していくセクターへと資本を移動できることが、指導的セクターの位置にあって、循環的変動の影響を免れる唯一の手段である。そのかわり今度は、指導的セクターの賃金生産性の圧縮から利益を上げうるセクターが登場してくる。そのようなセクターこそ、半周辺国と呼ばれる国々なのである。こうした国々が存在しないとするならば、資本主義システムは、政治的危機に直面するのと同じくらい急速に、経済的危機に直面することになる[24]。

　資本主義システムの中核と周辺との間で行われる交換は、高賃金生産物と低賃金生産物との交換であるので、それは「**不等価交換**」ということになる。この不等価交換システムにおいて、半周辺国は、それが輸出する生産物の種類という点で、また賃金水準と利ざやという点で、中間に位置している。さらに、半周辺国は、周辺国とはある様式で、中核国とはその反対の様式で、すなわち2つの方向で貿易するか、あるいは貿易しようとする。ここに、周辺と中核の両者に対立するものとしての半周辺の特異性が存在することになる。

　半周辺国のもう1つの特徴は、政治機構としての半周辺国家の（国内的・国

第4章　もう1つの潮流としての開発経済学

際的）市場の統制に対する直接の関心は、中核国家または周辺国家におけるそれよりも大きい、ということである。なぜなら、半周辺国家は、その利潤を短期間で極大化するためには、市場を頼みとすることは決してできないからである[25]。

　経済的決定の「政治化」は、地位の変化が現実に起こりうる機会には、半周辺国家にとって最も有効である。その場合の地位の変化とは、次の2つの場合である。第1に、周辺から半周辺的地位へ実際上躍進する場合であり、第2に、既存の半周辺国家が中核の一員たる資格を要求できるところまで強力になる場合である。

　さて、ここで世界システムにおける各国の発展について見てみると、全ての国家が同時に「発展する」ことは理論的に不可能という結論が導き出される。というのは、いわゆる「拡がりつつある格差」（widening gap）は、例外なのではなく、世界経済の作用の継続的な基礎的メカニズムだからである。確かに、いくつかの国は「発展する」ことができる。しかし、上昇するいくつかの国は、衰退する他の国を犠牲にしているのである[26]。

　そして資本主義システムにおいて、最も多く上昇したのは、周辺国から半周辺国へのそれである。ここで注意しなければならないのは、周辺から中核への上昇は実際には起こらない、ということである[27]。

　要するに、いかなる時代でも、周辺諸国の中の少数の国だけが、拡大していく世界市場に適応することができ、あるいは収縮していく世界市場の一部を獲得することができる、ということである。そして、世界市場の一部を獲得した国は、この「特別の要素」の欠如によってみずからの「成功」を証明するのである。

　従って、現存の世界システムの枠組みでは一部の周辺国のみしか「上昇」できない以上、それに代わる可能性のある戦略を見出すことが、普遍的処方を見出すよりも現実的である、と考える。それには次の3つの戦略が考えられる。

　先ず第1に「機会補足」（seizing the chance）の戦略、第2に「外資導入による促進」（promotion by invitation）の戦略、第3に「自力更生」（self-reliance）

の戦略である。

　機会補足の戦略とは、周辺国から輸出される1次産品の価格水準が、中核国から輸出される技術的に進んだ工業製品の価格水準よりも急速に下落する世界市場の収縮期においては、周辺国家の政府は、国際収支の悪化、失業増加、および国家収入の減少という経済的危機に直面する。それを解決する手段は、「輸入代替」工業化政策である。この政策により、中核国においては輸出の減少が起こり、ひいてはそれが中核国の政治的地位の弱体化と、その政策に対する国内の反対者の経済的地位の弱体化を利用する積極的国家活動を含むからである。

　第2の「外資導入による促進」戦略は次の2つの点で、機会補足の戦略と異なる。1つは外資導入によるものは、外部の資本家と一層親密に協力して行うものなので、収縮期の現象であるよりは拡大期の現象である。このような協力的「発展」は、中核国自らが何らかの経済的困難に遭遇すれば、中核国によってたやすく犠牲にされる。2つ目は、外資導入によるものは「機会補足」の場合より先行する工業的発展が劣っている国に有効である。

　そして周辺国にとって発展の第3の道、すなわち「自力更生」の道とは、タンザニアの例に見られるごとく、経済発展を目指す構造変化のための鎖国的戦略である[28]。

　半周辺国にとって突破すべき問題は、先進技術を正当化するのに十分に大きい利用可能な市場が無くてはならず、またその市場に向けて現存の生産者より低いコストで生産しなければならない、ということである。そして、一国の生産物のために市場を大きくする方法の1つは、その国が政治的に支配する、自らの一市場への他の生産者が参入するのを統制することである。従って、輸入の禁止、割当、関税を実施するということである。第2の方法は、近隣諸国の統合または征服によって、そのような影響の及ぶ政治的境界を拡大することである。第3の方法は、第2とは逆に、輸入品のコストを引き上げる代わりに国家がより低い生産コストを追求し、こうして国内市場と外国市場に同時に影響を及ぼすことである。第4の方法は、国内の購買力水準を引き上げることであ

第4章　もう1つの潮流としての開発経済学

る。最後は、国家あるいは社会的勢力は、イデオロギーや宣伝によって、主として国内の消費者の「好み」に影響を及ぼすことができ、こうしてその生産物のための市場を拡大することができるのである。[29]

　ここで問題となるのは、半周辺国が中核国に移動する可能性と周辺国が半周辺国の地位へ移動する可能性を巡る闘争がどのような影響を持つのか、ということである。結論から先に言うならば、中核国の転落は、半周辺国に対しては今日でもなお好機を提供しているが、周辺諸国に対しては見通しをさらにいっそう厳しいものにしている、ということである。

　世界経済の下降局面においては、世界経済の中で交渉力が最も弱い関節（＝中核国と周辺国との関係）が最初に押しつぶされる。世界の産出高の相対的減少は、周辺諸国の輸出市場を減らし、しかもそれは周辺諸国の輸入品価格の低下よりもいっそう速く減る。その結果、周辺諸国は、輸出に対する新たな保護主義的障壁を求めることになる。なぜなら、他の国が以前はあまりにも収益性が低かったがゆえに、周辺国にとってのみ価値があると考えられた生産分野を取り戻そうと努めるからである。

　一方、半周辺国においては事情はやや異なる。拡大局面にある世界経済に対して半周辺国は、他の半周辺国に対抗して世界市場の一部を獲得するために中核国の「援助」を求めるようになる。従って、中核国の代理人になること、すなわち「サブ帝国主義」的役割につくことは、いっそうの経済的増進の必要条件ではないとしても、少なくともそれに向かう容易な道となる。その結果、イデオロギー的には、半周辺諸国がしばしば、特定の世界観のもっとも声の大きい唱導者であったり、邪悪な行為の最も強烈な告発者になりうるのである。

　それ故、拡大局面においては、半周辺地域の生産グループにとってその経済的繁栄様式は、中核諸国に対する従属パターンの強化を経由する形態をとることになる。しかし世界的収縮期になると、中核国は苦境に立ち、それぞれが「転落」を恐れて互いに争い始める。そうなると、半周辺諸国は、中核の生産物のためのはけ口が相対的に少なくなっていくので、言い寄られるかも知れない[30]。

さらに半周辺諸国は、階級——ブルジョワジー‐プロレタリアート——と分業における機能——中核‐周辺——との、二重の対立に基づいて、資本主義世界経済における特殊な役割を果たす。中核—周辺という区分は、高利潤、高技術、高賃金、多様化された生産が集中されている地域（中核諸国）と、低利潤、低技術、低賃金、多様化されていない生産が集中している地域（周辺諸国）を、区別するものである。しかし、現存の資本主義世界経済はその中間に位置し、両者とは異なった役割を演ずる国々が存在してきた。これら半周辺諸国の生産活動は、あまり偏ることなく分割されているところに特徴がある。半周辺諸国は、一方で、中核国に対しては周辺地域として活動し、他方で、ある周辺地域に対しては中核国として活動する。その国内政治と社会構造は共に独特なものであり、経済活動の下降局面が提供する弾力性を利用する能力は、中核諸国あるいは周辺諸国のどちらの能力よりも一般的に大きい[31]。

そして、現存している資本主義世界経済の枠組みの内部では、下降局面は、多かれ少なかれ全ての半周辺諸国にとって有利なものとなるが、その有利さを経済的位置の実際の転位に導くことができるのは少数の者だけである。転化するには、半周辺国は、総体としての半周辺国が持つ集団的有利さから大きな分け前を獲得せねばならない。すなわち、中核の地位へ上昇する半周辺国は、いくらかあるいは全ての中核勢力を犠牲にするだけでなく、他の半周辺勢力をもまた犠牲にして上昇する。これは資本主義の伝統的作用が国家レベルにおいて適用されたものに過ぎず、「発展」ではなく、世界の余剰の奪取に成功したということに過ぎない。この道を、不可避なものとして容認する必要はなく、それを徳の道として称賛する必要はさらになく、それを「成長、進歩、発展」と呼ぶ必要もない。

では、ウォーラステインによる半周辺諸国とは、いかなる国を指すのか。それはラテンアメリカにおいてはブラジル、メキシコ、アルゼンチン、ヴェネズエラ、チリ、キューバ。ヨーロッパにおいては、ポルトガル、スペイン、イタリア、ギリシャ、ノルウェー、フィンランド。アラブ諸国については、アルジェリア、エジプト、サウジアラビア、イスラエル。アフリカにおいてはナイジ

ェリアとザイール。そしてアジアにおいては、トルコ、イラン、インド、インドネシア、中国、北朝鮮、ヴェトナム。さらにカナダ、オーストラリア、南アフリカ、ニュージーランドを含む29ヶ国からなる。[32)]

　ここで、注目すべき点は、第1に純粋に「経済的な」分類が異なる二種類の国家群を含んでいる、ということである。すなわち、社会主義国家と資本主義国家がそれである。さらに、OECDレポートによって位置づけられたアジアNICsは1ヶ国も入っておらず、アジアにおいては中国、北朝鮮といった社会主義生産様式や、インド、インドネシアといった輸入代替型工業化政策をとっている国が入っていることである。ここにウォーラステインが考える「半周辺」観が端的に示されているといえる。彼が考える半周辺国とは、一定の経済力とそれを支える政治的バックグラウンドが必要なのである。この双方の要因を兼ね備えた工業化戦略こそ、輸入代替型工業化戦略であり、そこに最大の上昇戦略を見てとるのである。しかし、その上昇も前述したように、全ての開発途上国が上昇できるわけではなく、また、上昇したとしても、それは決して進歩、発展と呼べる性格のものではない。従って、世界システムそのものを根本的に変革していく必要がある、というのがウォーラステインの世界システム論の特徴なのである。

## 6　限界を見せる従属理論

　開発途上諸国の低開発を、1国レベルにとどめず世界資本主義＝世界システムにおける構造問題としてとらえた点は、従属理論の最大の功績であろう。現在のように世界が相互に依存しあわなければ存立し得ない、世界経済の枠組みを二層（ウォーラステインの場合は三層）構造として捉えようという視点は計量的モデルを駆使して、経済成長モデルを組み立てようとする新古典派経済学からは出てこない発想だからである。

　しかし、世界（史）的レベルで途上国問題を分析しようとした従属理論も、1980年代に入ると（特に、1980年代半ば以降）急速にその影響力を弱めていく。

第 1 に、従属理論の中には、低開発世界の資本主義世界体制への組み込みが、そこへの資本主義的要素の導入と前資本制部門の再編成をもたらすものであったとの認識はあるが、その中から、それに対抗する民族主体が生み出されてくる内的発展のダイナミックなプロセスの解明は全く欠落している。

第 2 に、従属概念の曖昧性である。すなわち、従属と相互依存の区別が不明瞭ということだ。非低開発諸国の先進国との外国投資・技術的従属は依存と見る一方、低開発諸国におけるそれは従属と見ることの違いは何か、ということだ。

第 3 に、低開発世界の解放に至る過程での民族国家形成の意義を過小評価している点である。すなわち、一応形式的な独立をたもってきたラテンアメリカ諸国と、植民地状態にあったアジア、アフリカ諸国との違い、それに基づく社会・経済構造の発展段階的、類型的な違いを見ていないということだ。

第 4 に、従属理論が示す従属性脱却の方向が不明瞭であることだ。従属理論が従属性脱却の政治課題として、民族ブルジョアジーの打倒を戦略目標とする社会主義革命を上げる点はきわめて明快であるが、自立化のための経済的課題の設定の面では、それほど明快ではない。さらに、社会主義体制が崩壊した今日では、社会主義革命が唯一の道とは言えなくなってしまっている。[33]

また、アミン理論の問題点としては、そもそも周辺部の植民地社会に固有な、支配的生産様式に見合った上部構造を備えた構成体が成立するか、ということもある。[34]

最後に、NICs・NIEs のように輸入代替型工業化戦略を採らず、世界市場に積極的に結びつくことで、高成長を遂げた国を説明するのに従属理論では説明できないこと。すなわち、NICs・NIEs の出現を前に、それを新たな従属関係の有無や上昇の可能性の結果と主張しても、それは詭弁にすぎない。現に世界システム論では半周辺国家にアジア NICs・NIEs は 1 つも属していなかった。従って、NICs・NIEs の成長過程・要因は従属理論では決して説明できない、という理論的限界性が露呈したことが、先進国はもちろん、当の開発途上国でもその影響力を急速に失っていく背景となった。

第**4**章　もう1つの潮流としての開発経済学

　従属理論は、NICs・NIEs の成長要因（それを新たな従属としてとらえるかどうかは別問題としても）をも視野に入れた、理論の再構築が必要な段階に来ていると言えるだろう。

〈注〉
1）　広野良吉「国際連合と国際開発戦略の変遷」財団法人日本国際問題研究所『国際問題』8月 No. 365、1990年、38頁。
2）　従属理論の理論的系譜に画期を与える意味で、プレビッシュに代表される（初期）従属理論に対し、フランク、アミンなどを新従属理論と分けて呼ぶ。本章で従属理論と呼ぶときは、後者を指す。
3）　R. Prebisch, *"Towards a global strategy of development"* 1968　国際連合貿易開発会議編、正井正夫訳『新しい開発戦略をもとめて―新プレビッシュ報告』国際日本協会、1968年、134～138頁。
4）　同上書、151～153頁。
5）　A. G. Frank, *"Underdevelopment or Revolution ?"*, Monthly Review Press. 1975. アンドレ・G. フランク、大崎正治（他）訳『世界資本主義と低開発』柘植書房、1979年、19頁。
6）　同上書、15頁。
7）　同上書、16頁。
8）　同上書、20～24頁。
9）　同上書、30頁。
10）　同上書、33～38頁。
11）　S. Amin. *"L'accumulation a l'echelle Mondiale"*, Antropos, 1970. S. アミン、野口祐（他）訳『世界資本蓄積論』（第1分冊）、柘植書房、1979年、24頁。
12）　同上書、33頁。
13）　同上書、33～37頁。
14）　同上書、39頁。
15）　同上書、40頁。
16）　S. Amin, *"Le Développment Inégal : Essai sur les formations socials du capitalism périphérique"*, Orion Press, 1973. サミール・アミン、西川潤訳『不均等発展』東洋経済新報社、1983年、11頁。
17）　アミン前掲書、17～18頁。
18）　同上書、41頁。
19）　S. Amin, op. cit. サミール・アミン者、野口祐・原田金一郎訳『周辺資本主義

第Ⅱ部　開発経済学の展開

　　　　構成体論』（第2分冊）、柘植書房、1979年、203～205頁。
20）　同上書、242頁。
21）　I. Wallerstein, *"The Capitalist World economy"*, Maison des Sciences de l'Homme Cambridge University Press, 1979. I. ウォーラステイン、藤瀬浩司・麻沼賢彦・金井雄一訳『資本主義世界経済』名古屋大学出版会、1987年、91～92頁。
22）　同上書、93頁。
23）　同上書、93頁。
24）　同上書、94頁。
25）　同上書、95～96頁。
26）　同上書、96～98頁。
27）　同上書、99頁。
28）　同上書、101～107頁。
29）　同上書、112～113頁。
30）　同上書、117頁。
31）　同上書、129頁。
32）　同上書、133頁。
33）　本多健吉「従属派経済理論の構造と問題点」大阪市立大学経済研究所編『第三世界と国家資本主義』東京大学出版会、1980年、97～99頁。
34）　本多健吉『資本主義と南北問題』新評論、1986年、171頁。

### self study
①従属理論と新従属理論の違いを調べてみよう。
②（新）従属理論が登場した1950・60年代のラテンアメリカの経済・社会・政治状況を調べてみよう。

### exercise
①従属理論の意義と限界を、当時の世界政治・経済的背景から考えてみよう。
②世界システム論の意義と課題について考えてみよう。

# 第5章

# 復活した新古典派経済学

● 『OECD レポート』の衝撃

## *1* 相対的地位が低下したアメリカ

　1960年代までの世界経済はアメリカの圧倒的な経済力とそれに裏づけされた政治的指導力によって支えられてきた。固定相場制に基づく国際通貨体制は金との交換性を保証されたドルによって支えられており、国際貿易体制はアメリカの市場開放によってその自由貿易体制を維持していた。さらにアメリカは戦後ヨーロッパ復興のためのマーシャル・プランに引き続いて、開発途上国の経済開発のための援助を主導した。自由世界の防衛についても、同盟国との安全保障条約の下でその多くの費用を負担した。言い換えるならば、世界経済の円滑な運営に必要な費用の主要部分はアメリカによって負担されていたのである。

　しかし、1970年代に入る頃からアメリカの地位が相対的に低下するようになった。アメリカの経済力の傘の下で、日本、西欧諸国が順調な経済成長を続ける一方、アメリカの経済的困難が増大してきたためである。ベトナム戦争を契機にインフレが進行し始めると固定相場制下でアメリカの国際競争力が低下し、1971年には戦後初めてアメリカの貿易収支が赤字に転落、ドル不安から金の流出が激化し、ついにアメリカはドルと金との交換を停止せざるを得なくなったのである。

その後もインフレは悪化の一途をたどり、加えて生産性上昇率が目に見えて鈍化し、エネルギーの海外依存度が高まるなど、アメリカ経済の相対的な地盤沈下は一層進んだ。こうした経済力の弱まりは、ベトナム戦争、**ウォーターゲート事件**等での挫折や対ソ軍事優位の低下等と相まってアメリカの指導力を急速に弱めることになった。

その結果、アメリカの経済力は、1950年代には世界の国内総生産の4割弱から2割強になった。1979年にはECのGNPがアメリカを抜くまでに拡大した。また1955年には、アメリカの6％にすぎなかった日本のGNPも1970年代の終わりには、その半分弱に達し、1人当たりGNPでは8割に達しようとしている。

こうして世界はかつてのアメリカのズバ抜けた経済力に支えられたパクス・アメリカーナ（アメリカの時代）から米・欧・日の割拠する多極化時代へ変わったのである。

他方、途上国世界でも新たな勢力が勃興し始めた。石油産油国の力の強まりがそれである。

OPEC（Organization of Petroleum Exporting Countries: 石油輸出国機構）が石油メジャーの公示価格の一方的引下げに対抗してサウジアラビア、イラン、イラク、クウェート、ベネズエラの5ヶ国で組織されたのは1960年であったが、OPECが一大勢力として世界経済の舞台に登場したのは1970年代に入ってからであった。すなわち、1971年、OPECはテヘラン協定によってはじめて加盟国の公示価格の引上げ等に成功したのである。さらに1973年には第4次中東戦争を契機に石油価格を1バーレル3.01ドルから11.65ドルへと一挙に4倍近くに引き上げた。さらに、1978年秋のイラン政変を契機に段階的に2倍半に引き上げた。このため、世界経済は1970年代に2回にわたっていわゆる「**石油ショック**」にさらされるに至ったのである。70年代はまさに「OPECの時代」というにふさわしい時代であった（図5-1[1]）。

こうした2つの大きな流れは、1970年代の世界経済を大きく変えた。第1は、世界経済の枠組の変化である。

第5章　復活した新古典派経済学

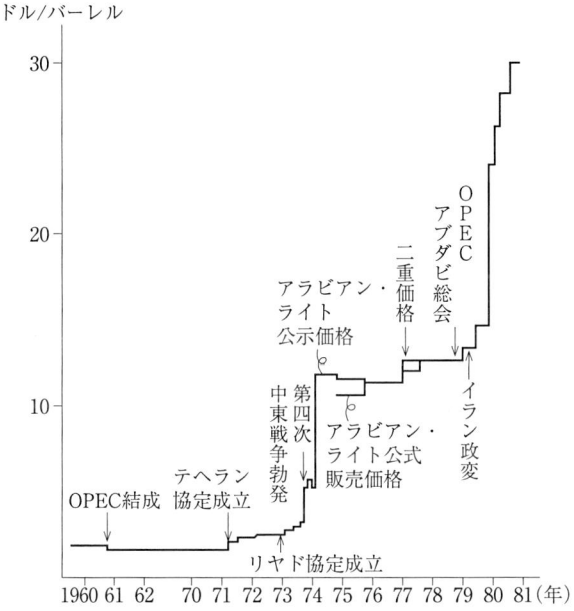

図5-1　原油価格（アラビアン・ライト）の動向

ドル/バーレル

（グラフ：1960年から1981年までの原油価格推移。主な出来事：OPEC結成、テヘラン協定成立、リヤド協定成立、第四次中東戦争勃発、アラビアン・ライト公示価格、アラビアン・ライト公式販売価格、二重価格、OPECアブダビ総会、イラン政変）

出典：経済企画庁『昭和55年版　年次世界経済報告』1981年、4頁。

　アメリカが担ってきた枠組は、アメリカの力の弱まりと共に変質せざるを得なくなった。**国際通貨体制**においては、主要国通貨が変動相場制に移行し、またマルク等ドル以外の通貨の役割が増大してきた。国際貿易体制は、南北問題や資源ナショナリズムの台頭もあって、自由、無差別、多角、互恵の原則が揺ぎ、保護主義的動きが強まった。また、援助、安全保障面でもアメリカの影響力が落ち、負担の分担を求めている。
その現れの第2は世界経済のパフォーマンスの悪化である。
　1970年代を通じて貿易のひき続く拡大や新興工業国の成長等いくつかの成果もあったが、世界経済の枠組の動揺と石油価格の急騰は、各国の国内的**コスト・プッシュ要因**の強まり等と相まって、アメリカのみならず多くの国の経済的パフォーマンスを悪化させた。アメリカにみられるスタグフレーションの悪

化、生産性の伸び悩み、石油への過度の依存は、その他の主要国でも程度の差はあれ重大な問題となり、また非産油途上国では債務累積が深刻な問題となっていた。

しかもこうした大きな変化は、世界経済の相互依存が一層強まる中で起きた。世界経済の相互依存は通信・運輸等の技術進歩や情報・知識の拡散に支えられながら、国際貿易を通じて、また**国際資本市場**を通じて絶え間なく進展した。それは先進国間で、途上国間で、途上国と先進国間で、また社会主義陣営と資本主義陣営の間でも強まった。

地域間の関係だけではなく、貿易、エネルギー、資本の流れ等の経済関係の相互関係も強まり、経済と政治の関係も密接に強まった。その典型的な動きが1975年から始まったサミット（先進国首脳会談、現在の主要国首脳会談）である。

こうした相互依存の強まりは、国際分業の利益を増大させることによりすべての国民の福祉を向上させると考えられたが、反面それぞれの国の対応の自由度を狭め、国内での困難の増大と相まって国際摩擦を増幅させることにもつながった。

## 2 OECDレポートの衝撃

開発経済学が誕生してから1970年代後半まで、開発経済学の主要課題は、なぜ開発途上国は経済発展しないのかにあった。しかし、1979年にOECD (Organization for Economic Cooperation and Development：経済協力開発機構) が、発表した *"The Impact of The Newly Industrialising Countries on Production and Trade in Manufactures"* (『新興工業国の挑戦』) は、それまでの開発途上国に対する認識を改めるものであった。通称OECDレポートと呼ばれるこのレポートは、その冒頭で、「開発途上の世界において台頭しつつあるダイナミックで新しい製品輸出国が、先進国に動揺をもたらしている。」とし「この現象の真相を正しく把握しようとする」ことが、同レポートの目的であるとしている。

特に、前述したように1970年代は世界同時不況の時代であり、途上国はもちろん先進国においても、自国の経済的停滞をいかに克服するかに汲々としており、世界経済全体について考える余裕すらない時代に、先進国ではない途上国の中から先進国を上回る経済パフォーマンスを示す国が登場したのである。

従って、OECDの驚きは、単に経済成長する国が現れたということに止まらず、今まで成長できないと考えてき、かつ途上国の中でも影響力（経済力）の弱い国が急速に経済発展したことに、驚きと脅威を感じたのである。

では、NICsとはどのような国を指すのか。このレポートでは、以下の10ヶ国をNICsと定義している。すなわち、南ヨーロッパの4ヶ国（ギリシャ、ポルトガル、スペイン、ユーゴスラビア）、ラテンアメリカの2ヶ国（ブラジル、メキシコ）、東南アジアの4ヶ国（香港、韓国、シンガポール、台湾）である。

## 3  NICsの成長要因

このNICsと呼ばれる国々の成長要因は何か、それは外向きの成長と比較優位を生かした経済構造にある。NICsによる外向きの成長政策（outward looking growth policy）の採用と比較優位が、先進国の大きな関心を引くに至ったのは、1974～75年の景気後退によって各国では、低成長、高失業そして国際収支の悪化という様々な問題が噴出し、それが産業調整の進行を阻害し、保護主義を求める圧力を再燃させようとした時期に、自由貿易の恩恵をフルに生かし、高成長を維持させていたからである。また、NICsを共通に特徴づけたのは、工業部門における雇用水準の増大とその全雇用に占めるシェアの急速な伸びと製品輸出における市場シェアの拡大、そして、1人当たり実質国民所得の先進国とのギャップの急速な縮小であった。[4]

そして、NICsが1960年代から70年代にかけて演じた世界経済の中での位相の変化、すなわち世界の工業生産と製品輸出に占めるNICsのシェアの増大もNICsを特徴づけた。まず、工業生産のシェアの増大であるが、先進工業7ヶ国（アメリカ、イギリス、西ドイツ、フランス、イタリア、カナダ、日本）が74.63%

第Ⅱ部　開発経済学の展開

表5-1　世界の工業生産の地域分布

|  | 1963年 | 1976年 | 1977年 |
|---|---|---|---|
| アメリカ | 40.25 | 35.42 | 36.9 |
| 日　　本 | 5.48 | 9.06 | 9.14 |
| 西ドイツ | 9.69 | 8.97 | 8.85 |
| フランス | 6.30 | 6.25 | 6.15 |
| イギリス | 6.46 | 4.29 | 4.16 |
| イタリア | 3.44 | 3.41 | 3.33 |
| カ ナ ダ | 3.01 | 3.08 | 3.08 |
| 計 | 74.63 | 70.48 | 71.61 |
| スペイン | 0.88 | 1.43 | 1.56 |
| ポルトガル | 0.23 | 0.3 | 0.32 |
| ギリシャ | 0.19 | 0.33 | 0.33 |
| ユーゴスラビア | 1.14 | 1.53 | 1.62 |
| ブラジル | 1.57 | 2.49 | ‥ |
| メキシコ | 1.04 | 1.44 | 1.45 |
| 香　　港 | 0.08 | 0.21 | ‥ |
| 韓　　国 | 0.11 | 0.63 | 0.69 |
| 台　　湾 | 0.11 | 0.42 | 0.46 |
| シンガポール | 0.05 | 0.09 | 0.10 |
| NICs 計 | 5.40 | 8.87 | (9.28) |

出　典：The growth of World Industry, and Monthly Bulletin of Statstics, United Nation; IMF Statistics; OECD事務局の概算。

出典：大和田憓朗訳『OECDレポート　新興工業国の挑戦』東洋経済新報社、1980年、33頁より作成。

(1963年) から71.61％ (1977年) へとシェアを低下させているのに対し、NICs は5.40％ (同年) から9.28％ (同年) へと増加させている[5]。特にこの時期、先進7ヶ国で工業生産のシェアを増大させたのは、日本とカナダのみ (カナダはわずか0.07％の増加であったが) であり、残りの先進国は軒並み工業生産のシェアを減少させていた (表5-1)。

これに対し、NICs はすべての国においてそのシェアを増大させている。特に、韓国、香港はそれぞれ約6.27倍、約4.18倍増大させている。もちろん、これらの国々は元々の数値が小さいので多少の工業化でその割合が急増することになるが、これはこれらの国々のその後の潜在的成長性を予感させるに十分な伸び率であった。

また、製品輸出のシェアについても、やはり同時期、先進国が64.18％から63.55％へと減少させているのに対し、NICs は3.21％から8.62％へと実に2.69倍も増加した。特に、ブラジル、韓国はそれぞれ8.2倍、24倍と急激にそのシェアを増大させた (表5-2)。

それとともに、NICs は工業部門における雇用シェアと1人当たり実質国内総生産が増加することとなった。一般に、工業化に伴う産業構造の変化は、第1次産業→第2次産業→第3次産業へとシフトするのが、先進国の経験から分かっている。それによると、先進国は1960年代の半ばから後半にかけて、第2

第5章　復活した新古典派経済学

次産業における雇用の割合がピークを迎えた後、下降し始めている（日本は、1970年代の前半）。それに対してNICsは、ギリシャのようにいまだ上昇し続けている国や、スペイン、ポルトガルのように1970年代半ばから後半にかけてピークを迎え、いったん下降した後、再び反転するなど、工業部門における雇用吸収力＝第2次産業のシェアはいまだ大きいといえる（図5-2）。

さらに、1人当たり実質国内総生産は、先進6ヶ国の平均はアメリカを100とした場合、58.5（アメリカを除く）となっている（このうち、日本が一番低く36.3である）。これに対し、NICsは21.7と先進国の半分以下、アメリカの約5分の1強の水準となっている（1963年）。特に、韓国は9.3と韓国人10人を合わせてもアメリカ人1人の実質国内総生産にも及ばない状況であった。これが1976年になると、69.3（先進6ヶ国平均）へと、18.5％増大したのに対し、NICsは33.1へと52.5％も急増した。要するに、急速にアメリカの1人当たり国内総生産に近づいていたということだ（表5-3）。特に、韓国、シンガポール、ギリシャ、台湾はそれぞれ2.1倍、1.8倍、1.6倍、1.6倍へと増加させており、NICsの中でもその急増ぶりが顕著である[6]。

以上が、NICsの経済的共通点であるが、では、これらの国々はなぜ急速な経済発展を達成することができたのか。OECDレポートは、それを世界市場における様々な構造的・循環的要因と政府の政策の組み合わせによるものである、と指摘する。次にその構造的・循環的要因を見てみることにする。

まず、**比較優位**と**プロダクト・サイクル**である。従来の比較優位モデルは、

表5-2　世界の製品輸出の地域分布

|  | 1963年 | 1976年 |
|---|---|---|
| アメリカ | 17.24 | 13.55 |
| 日　　本 | 5.98 | 11.38 |
| 西ドイツ | 15.53 | 15.81 |
| フランス | 6.99 | 7.41 |
| イギリス | 11.14 | 6.59 |
| イタリア | 4.73 | 5.49 |
| カ ナ ダ | 2.61 | 3.32 |
| 計 | 64.22 | 63.55 |
| スペイン | 0.28 | 1.07 |
| ポルトガル | 0.3 | 0.21 |
| ギリシャ | 0.04 | 0.22 |
| ユーゴスラビア | 0.4 | 0.6 |
| ブラジル | 0.05 | 0.41 |
| メキシコ | 0.17 | 0.51 |
| 香　　港 | 0.76 | 1.15 |
| 韓　　国 | 0.05 | 1.2 |
| 台　　湾 | 0.16 | 1.23 |
| シンガポール | 0.38 | 0.52 |
| NICs計 | 2.59 | 7.12 |

出典：同上書、34頁より作成。

89

第Ⅱ部　開発経済学の展開

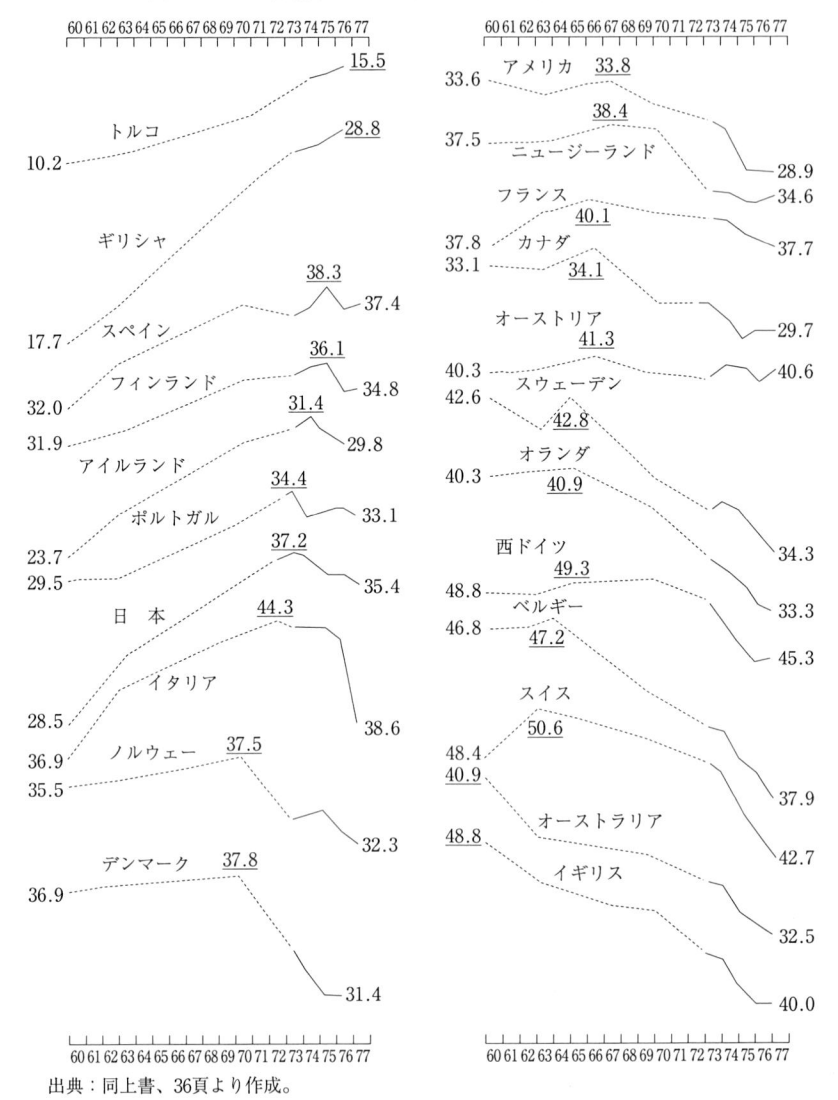

**図 5-2　工業部門における雇用（非軍事雇用に占める率）**

| 国 | 60年 | 最高値 | 77年 |
|---|---|---|---|
| トルコ | 10.2 | 15.5 | — |
| ギリシャ | — | 28.8 | — |
| スペイン | 17.7 | 38.3 | 37.4 |
| フィンランド | 32.0 | 36.1 | 34.8 |
| アイルランド | 31.9 | 31.4 | 29.8 |
| ポルトガル | 23.7 | 34.4 | 33.1 |
| 日本 | 29.5 | 37.2 | 35.4 |
| イタリア | 28.5 | 44.3 | 38.6 |
| ノルウェー | 36.9 | 37.5 | 32.3 |
| デンマーク | 35.5 | — | — |
| （デンマーク続） | 36.9 | 37.8 | 31.4 |
| アメリカ | 33.6 | 33.8 | 28.9 |
| ニュージーランド | 37.5 | 38.4 | 34.6 |
| フランス | 37.8 | 40.1 | 37.7 |
| カナダ | 33.1 | 34.1 | 29.7 |
| オーストリア | 40.3 | 41.3 | 40.6 |
| スウェーデン | 42.6 | 42.8 | 34.3 |
| オランダ | 40.3 | 40.9 | 33.3 |
| 西ドイツ | 48.8 | 49.3 | 45.3 |
| ベルギー | 46.8 | 47.2 | 37.9 |
| スイス | 48.4 | 50.6 | 42.7 |
| オーストラリア | 40.9 | — | 32.5 |
| イギリス | 48.8 | — | 40.0 |

出典：同上書、36頁より作成。

労働生産性の評価あるいは物理的な資本や労働の賦存度の相違についての評価に基づいたものであり、生産される商品の構成や貿易の流れの変化を説明するには十分ではなかった。これを補完するためのアプローチとして、第1に、要素賦存の概念が、資本と労働を超えて拡大し、天然資源や、企業家としての、経営上および商業上の手腕等の要素まで含むようになったこと。また、技術革新も、工業立地や貿易の流れを決定する上で重要な役割を演じることが確認されたことである。第2は、動態的現象としての貿易の構成と方向を説明するために、プロダクト・サイクルアプローチと相対的コストとが組み合わされるようになったことである。すなわち、新しい製品(と新しい加工工程)は、まず科学的・工学的技能を備えた技術先進国において開発される。この技術は、大量生産に伴って標準化され、そして資本がより豊富で安くなり、かつ、技能が向上してきているような中間に位置する(NICsのような)国に普及するのである。この普及が可能となった国のいくつかは中間段階に移行し始め、またこれに追随する国も現れるようになる。その結果、先進国はいくつかの製品において比較優位を失いつつ、より高度の分野へと移行することによって、NICsが参入する余地を作っていくというプロダクト・サイクルの継続的な展開が行われるようになる。さらに、同様の過程がNICsと他の後発国との間でも起きるようになる[7]。

次に、生産工程の国際化である。生産組織とマーケティング組織の変化は、NICsとの製品貿易の拡大とその貿易の商品構成の変化に重要な役割を果たす。多国籍企業による投資と企業内貿易の拡大は、比較優位とプロダクト・サ

表5-3 各国の1人当たり実質国内総生産

|  | 1963年 | 1976年 |
|---|---|---|
| アメリカ | 100 | 100 |
| 日　本 | 36.3 | 64.3 |
| 西ドイツ | 67.4 | 76.0 |
| フランス | 63.1 | 78.5 |
| イギリス | 63.9 | 60.1 |
| イタリア | 43.3 | 46.8 |
| カ ナ ダ | 77.0 | 90.3 |
| 平　　均 | 58.5 | 69.3 |
| スペイン | 33 | 43.8 |
| ポルトガル | 20.7 | 31.5 |
| ギリシャ | 28.7 | 44.9 |
| ブラジル | 21.8 | 31.1 |
| メキシコ | 23.8 | 25.4 |
| 香　港 | 20.2 | 34.9 |
| 韓　国 | 9.3 | 19.9 |
| 台　湾 | 14.4 | 23.7 |
| シンガポール | 23 | 42.4 |
| NICs平均 | 21.7 | 33.1 |

出典:同上書、38頁より作成。

イクルに基づく工業立地を決定するにあたって、少なくともいくつかのNICs にとっては重要な要素である[8]。多国籍企業は、製品と生産要素の市場のみならず、世界中の税制や関税制度にも精通していたため、資本、技術、経営とマーケティング能力を適切な立地へと移転させることによって、低コストの労働力、主要市場への近接、基本的なインフラストラクチャーの存在、それに政治的安定性を利用することができた。要するに、多国籍企業は、生産工程の分散化と細分化、新しい形態の国際分業の形成に重要な役割を果たしたのである。さらに、こうした有利な客観的立地要因に加えて、NICsがとった政策措置による後押しと、工業国の採用した特別な優遇政策による牽引が果たした役割も重要であった[9]。

最後に、構造変化の過程における歪みである。特に、1972年に端を発した一連の石油ショックと景気循環的要素による影響は、構造変化の過程と、製造業における調整の状況および性格を変えた。すなわち、1次産品価格の高騰と石油価格の上昇、インフレと景気後退の組み合わせ、緩慢な経済回復、底流にある国際的な資本移動の変化である。

その中で、1次産品価格の高騰は、NICsの政府をして国内需要を抑制し、資源配分を輸出部門に移すことによって、迅速かつ力強く反応した。さらに、石油価格の上昇と景気後退および緩慢な経済回復は、国際的な資本移動に2つの影響をもたらした。第1に、OPEC諸国の黒字とOECD域内における信用に対する民間需要の低迷によって豊富な投資可能資本が生じ（過剰流動性の発生）、これによってNICs（さらには社会主義諸国）等の有望な国々において、生産投資の資金調達が容易となったこと。これは、政府による借り入れという形だけではなく、対外直接投資のための多国籍企業による借り入れという形でも行われた。第2に、自国において弱い投資需要に直面した資本財の生産者は、激しい輸出振興に活路を求めた。特に、政府融資または輸出信用保証制度を大幅に利用した。この場合の、主な受益国となったのも、生産的投資の吸収能力の高いNICsであった。これを図示すると以下のとおりである（図5-3）[10]。

要するに、NICsは1970年代の世界経済が直面していた課題にうまく対応

し、自らの経済発展に必要な政策転換と資本不足を外資導入という形で利用することで、飛躍的に発展することができたのである。それであるが故に、冒頭述べたように OECD には NICs が脅威と映ったのである。では、NICs が採用した政策とはどのようなものであったのか。以下で、それを詳しく見ることにする。

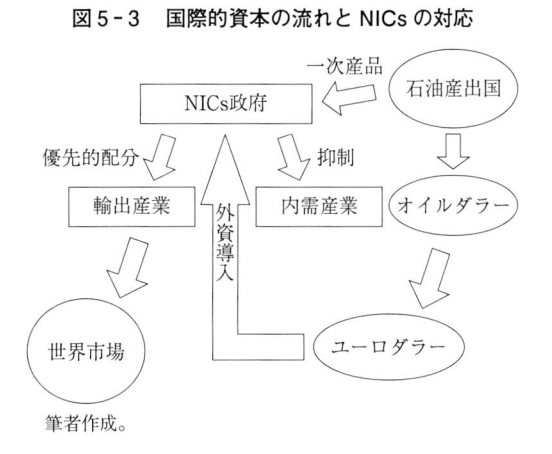

**図5-3　国際的資本の流れと NICs の対応**

筆者作成。

前述したように、NICs が採用した政策は、外向きの成長政策をとったことである。その結果、輸出市場での国内市場の規模は、着実かつ飛躍的に拡大したのである。この政策の特徴は、国内および国外の資源配分を改善することにより、一層速くかつ効率的な経済成長を遂げることを主な目的としていることである。しかし、これらすべての国が最初から外向きの成長政策をとってきたわけではなく、香港とシンガポールを除くほとんどの NICs は、輸入代替という段階から工業化を開始し、後に外向きの成長政策に転じたのである。この輸入代替から外向きの成長政策の転換こそ、政策当事者による主観的判断に負うところが大きい。

外向きの成長政策は、4つの主要な政策手段を必要とする。対外的には貿易政策と為替政策であり、対内的には産業政策と需要管理政策である。貿易政策としては、例えば、輸出とその生産に必要な投入財についての自由な貿易制度を含む、一層自由な貿易・支払制度である。為替政策としては、単一為替相場制の導入であり、通常大幅な通貨切り下げや競争力が高まるように通貨を維持するための措置を伴う。産業政策は、加速減価償却のような輸出向け生産に対する財政的な奨励措置及び輸出収益に対する免税措置がある。最後に、需要管

理政策としては、競争力を強化し、輸出圧力を高め、家計部門の輸入性向を低下させるようなかなりの緊縮財政政策がある。

これらの政策が実施される背景となっている社会経済的・政治的環境も重要である。すなわち、外向きの成長政策がうまく機能している国では、次の要素を兼ね備えている場合が多いからである。①規律に富む、教育された、熟練都市労働力。②積極的で有能な企業家層。③安定した政治体制。特に、教育された労働力とダイナミックな企業家が存在することは、天然資源の不足を補う。

また、**輸出加工区**の設置も貿易と成長パフォーマンスに大きな影響を与えた。これらの輸出加工区は、外国投資家に対する投資インセンティブの一部を形成しており、他の多くの開発途上国にも見られる。そこでは、工業用施設に関連した外部経済や施設という利点のほかに、輸出向けの生産については関税及び税制面の優遇措置も受けられる。特に、韓国と台湾では、輸出加工区は外向きの成長政策の初期段階には重要な要素となった。[11]

さらに、為替レート政策＝通貨切り下げは外向きの成長政策をとる上できわめて重要な役割を果たした。

こうした成長戦略は、大幅な資本流入をもたらす結果となった。これは一方で、資本財・工業用投入財や一次産品の輸入の結果であり、他方で債務の増加をもたらした。[12] このうち後者については、累積債務問題として1980年代に入るやラテンアメリカNICsで債務不履行問題として世界的金融危機を引き起こしかねない問題にまで発展した。いわば、外向きの成長政策は両刃の剣としての成長戦略でもある。

## 4  NICs台頭の持つ意味

この間多くの章で論じてきたように、開発経済学の主要課題は、なぜ開発途上国は経済成長しないのか、という点に関心が集ってきた。しかし、OECDレポートは、なぜNICsは成長したのか、に関心が払われている。これは、単なる成長の解明にとどまらず、この間の開発経済学に対する批判的検証を提示

したものといえる。すなわち、今まで開発経済学が様々な開発理論を展開し、途上国の経済成長を促してきたが、ことごとく失敗し、その結果、なぜ途上国は成長しないのか、に焦点が当てられてきたにの対し、OECDレポートはNICsの成長のメカニズムを解明したのであり、それは従来の開発経済学の理論からはかけ離れた要因であったからである。要するに、先進国で考え出された開発理論＝開発経済学は、NICsの経済発展によって始めて現実対応できる学問として創造されることになったのである。

言い換えれば、この間の開発経済学の主要テーマであった南北問題は南北間の格差拡大とその解消のための秩序作りに力点が置かれてきた。しかし、NICsの出現と台頭は、新たに**南南問題**を提起するようになったのである。つまり、登場国は一律に貧しいのではなくNICsのように貧困から「脱出」し先進国化しつつある国々との格差が顕在化してきた、ということである。NICsインパクトとも言えるこの現象は、これまでの南北問題の接近では20世紀半ばまで植民地状態におかれていた途上国は、今日に至ってもなお資本主義世界経済の「周辺」の地位に位置したまま、発展の機会を奪われてきたという結論に終始してきたのである。[13] この途上国の経済発展に対するペシミズムに反省を促したのが、NICsの台頭なのである。

しかも、このNICsの経済発展が1980年代にはいると、南ヨーロッパ・ラテンアメリカNICsが停滞していくのに対し、アジアNICsだけが継続して経済成長を維持し続けただけではなく、1980年代後半からはASEAN（Association of South-East Asian Nations：東南アジア諸国連合）、1990年代からは中国などアジア各国が順次経済発展を達成するに及んで、なぜアジアのみが経済発展するのか、という新たな疑問・関心が噴出するようになった。従って同じ開発途上国にあってもアジアの特殊性が新たな分析課題となったのである。

さらに、NICsの台頭は、社会主義諸国にも大きな衝撃を与えた。旧ソ連を始めとする社会主義諸国では、資本主義陣営に与する途上国の経済発展は、対米依存の深化に見られるように帝国主義への新たな従属への道に他ならず、決して経済発展はできないと考えられていた。それが、1980年代以降も継続して

高い経済パフォーマンスを示し続けることで、資本主義世界経済体制下でも途上国は経済発展できるということを示しただけではなく、その高い経済パフォーマンスは社会主義的生産様式よりも優れた経済政策であることが実証されることになった[14]。

特に、アジア NICs は、第二次世界大戦直後、近隣の社会主義からの脅威にさらされ、自らの生存基盤さえ失いかねない危機的状況下におかれていた。その中でも韓国は、北朝鮮と、台湾は中国と、さらにシンガポールにしてもマレーシア連邦内の左翼反政府運動との緊張関係におかれていたので、アメリカ、イギリスからの援助によって自らの体制維持を図るような地政学的、国内的状況にあった。こうした国が、「建国」わずか20〜30年で先進国の地位を脅かすような存在になるとは誰も予想だにしていなかったのである。要するに、NICs の登場は資本主義だけではなく、社会主義にも大きな衝撃を与えたのである[15]。

## 5　岐路に立つ開発経済学

1970年代は、戦後世界経済にとって大きな意味を持つ時代となった。1つには、第2次世界大戦後のアメリカを中心とした世界経済システムが動揺し、先進国すら経済発展が頓挫した時代であったこと。2つには途上国においては、「開発の10年」と呼ばれた1960年の希望と高揚が挫折し、再び南北格差が焦眉の課題となった時代であること。3つ目には、この間経済発展の象徴と思われてきた量的成長＝GDP 至上主義が見直され、質的成長に注目が集まり始めた時代であること。こうした従来の成長戦略の矛盾が噴出し、新たな戦略への転換が求められる中、最も強い批判の対象となった新古典派経済学の成長モデルを体現した NICs が登場し、高い経済パフォーマンスを示したのである。

このことは単に新古典派経済学の復活を意味するだけではなく、この間の開発経済学にさらに軌道修正を求めることになった。これ以降、開発経済学の主要課題は NICs の成長要因分析に主眼がおかれ、残存していた南北格差＝なぜ

途上国は経済発展しないのか、という視点は後景に追いやられてしまうことになる。それほど、NICsインパクトの衝撃は大きかったのである。

〈注〉
1） 経済企画庁編『昭和55年版　年次世界経済報告―石油危機への対応と1980年代の課題』1981年、4頁。
2） 同上書。
3） OECD, *"The Impact of The Newly Industrialising Countries on Production and Trade in Manufactures."* 1979. 大和田憙朗訳『OECDレポート　新興工業国の挑戦』東洋経済新報社、1980年、i頁。
4） 同上書、2～3頁。
5） この数値にはブラジルと香港の数字は含まれていない。
6） 同上書、32～38頁。
7） 同上書、64～65頁。
8） 特に、アジアNICsの場合、日本企業による進出は決定的な役割を果たした。。
9） 前掲OECDレポート、67～69頁。
10） 同上書、69～73頁。
11） 同上書、106～108頁。
12） 同上書、116～117頁。
13） この点については、第4章参照のこと。
14） NICsの経済発展は社会主義崩壊の遠因とまで呼ばれている。
15） 涂照彦『NICS』講談社現代新書、1988年、239～241頁。

### self study
①1970年代のスタグフレーションの発生要因について調べてみよう。
②OECDの設立の背景・活動の目的などについて調べてみよう。

### exercise
①輸出志向型工業化（外向きの成長）政策の意義と問題点について考えてみよう。
②開発途上国の中で弱小国であったNICsが急成長を遂げることができた要因は何か、他の途上国と比較して考えてみよう。

第 III 部

# 開発経済学の発展

# 第6章

# 量から質への転換を図る開発経済学

●人間開発・社会開発

## *1* 人間開発概念の登場

　1970年代の Basic Human Needs（基本的必要条件：BHN）アプローチによって、途上国の貧困問題に新たな光が当てられたにもかかわらず、その後の開発経済学は市場を中心とする経済開発＝新古典派経済学が再度台頭する。特に、韓国、台湾、香港、シンガポールの躍進は新古典派経済学の理論を後押しする結果となった。彼らは NICs と呼ばれ、OECD によって、その経済成長が礼賛された（詳しくは第5章）。

　彼らが台頭した1970年代は、世界同時不況の時代であり、先進国においてもスタグフレーションからの脱脚に汲々としていた時代に、それらをものともせずに遂げた急成長は、正に先進国にとっても脅威と映った。

　さらに、これらアジア諸国に世界中の耳目が集まったのは、1980年代に入ってからの継続した経済成長である。1970年代アジア諸国と同じく NICs と呼ばれたラテンアメリカのメキシコ、ブラジルや南ヨーロッパのトルコ、ポルトガル、ギリシャ、(旧)ユーゴスラビアが、1980年代に停滞し始めたにもかかわらず、アジア諸国は継続して高成長を維持し続けたのである。しかし、これら諸国の高成長は GNP や GDP という経済の規模＝量的成長に焦点がおかれているため、実際の貧困状態、男女間格差などその国の内的側面＝質的発展がど

のように改善されたかは、理解することが難しい。

　従って、経済開発と共にその国の人々の生活ぶりがどれだけ豊かになったのかを測ることにより、豊かさを再評価しようという動きが登場し始めた。それが**人間開発**（Human Development）という考え方である。

## 2　人間開発とは何か

　人間開発とは、「開発の基本的な目標は人々の選択肢を拡大することである。これらの選択肢は原則として、無限に存在し、また移ろいゆくものである。人は時に、所得や成長率のように即時的・同時的に表れることのない成果、つまり、知識へのアクセスの拡大、栄養状態や医療サービスの向上、生計の安定、犯罪や身体的な暴力からの安全の確保、十分な余暇、政治的・文化的自由や地域社会の活動への参加意識などに価値を見出す。開発の目的とは、人々が、長寿で、健康かつ創造的な人生を享受するための環境を創造することなのである。」と人間開発指数（Human Development Index: HDI）の発案者であるマブーブル・ハック（Mahbub ul Haq）は述べている[1]。

　人間開発の概念は社会の豊かさや進歩を測るのに、経済指標だけでなく、これまで数字として現れなかった側面も考慮に入れようとして生まれた。人間が自らの意思に基づいて自分の人生の選択と機会の幅を拡大させることを開発の目的とし、そのためには健康で長生きすること、知的欲求が満たされること、一定水準の生活に必要な経済手段が確保できることをはじめ、人間にとって本質的な選択肢を増やしていくことが必要だとしている。基本的な物質的・経済的豊かさに加え、教育を受け文化的活動に参加できること、バランスのよい食事がとれて健康で長生きできること、犯罪や暴力のない安全な生活が送れること、自由に政治的・文化的活動ができて自由に意見が言えること、社会の一員として認められ、自尊心を持てること。これらが揃って真の意味の「豊かさ」が実現できるという考え方である[2]。

　さらに、UNDPは人間開発が対象とする範囲を以下のように述べている。

すなわち、人間開発が扱うのは国民所得の増減に留まらない。人間開発とは、人々が各自の可能性を十全に開花させ、それぞれの必要と関心に応じて生産的かつ創造的な人生を開拓できるような環境を創出することである。人々こそがまさしく国家の富である。各々にとって価値ある人生を全うすることを人々に可能とする、選択肢の拡大こそが開発である。従って、経済成長は、開発にとって重要ではあるものの、人々の選択肢を拡大するための1つの手段にしかすぎない。

　このような選択肢の拡大の基礎となるのが、人々が人生においてできること、なれるものの幅を広げること、すなわち**人的能力**（human capabilities）の育成である。人間開発のための最も基本的な能力は、長寿で健康な人生を送ること、知識を獲得すること、適正な生活水準を保つために必要な資源を入手すること、そして地域社会における活動に参加することである。これらの能力を獲得できなければ、そのほかの選択肢にも手が届かず、人生における多くの機会を逸してしまう。

　経済物資や金融資産といった目前の課題によって忘れられがちではあるが、開発に対するこのような視点は、特に目新しいものではない。哲学者、経済学者および政治的指導者等は古くから、開発の目的・最終目標として人間の福祉（well-being）を強調してきた。古代ギリシャにおいてはアリストテレスも「富は我々が追及すべき究極の善ではない。なぜなら富は他のもののための手段に過ぎないからだ」と述べている。

　この「他のもの」を追求する過程で、人間開発は人権と一つの目的を共有している。その目的とは人間の自由である。この自由は、能力を希求し、権利を実現する過程で必要不可欠なものである。人々には、選択の権利の行使と、人生に影響を及ぼす意思決定への参加の自由が確保されるべきである。人間開発と人権は、相互に強化し合い、全ての人々の福祉と尊厳の確保に、自尊心と他者に対する尊敬の念の醸成に貢献するものである[3]。

　従って、人間開発の究極の目的は、人間が人間らしく生きていけることができる社会、それのために必要な政治・経済・社会的環境の整備が重要なのであ

る。

　そしてそれを世界各国の状況を比較し、数値化し発表したのが『人間開発報告書』（Human Development Report: HDR）である。これは前述した1990年にパキスタンの元大蔵大臣で当時 UNDP 総裁特別顧問であったハックの発案によって創刊されたものである。その中では、開発とは、人々が長く、健康的かつ創造的な生を楽しむための環境を作り出すことである、とされている。[4]

## 3　人的資本論からBHN、そして人間開発論へ

　ところで、人間開発論が目指す視点は、ハックによって開発されたものではない。その前史＝基となる考え方に、人的資本論、さらには第3章で取り扱ったBHNがある。

　人的資本論とは、教育などへの投資がいかに生産的であり得るかについて分析を試みた理論である。教育などを、現在の消費ではなく、将来の生産性を上げるための投資であるとみる考えである。人的資本論は、労働力として人間を開発することによって、いかに生産性が向上するかを問題にする。生産性が向上することによって、人々の選択の幅が広がるという意味で、人間開発論の基礎をなしている、ということができる。一方で、人間を経済成長の手段として考察し、所得上昇＝福祉と考え、人間存在そのものの発展や社会関係の問題については、分析の対象としていない点が、人間開発と対立＝相容れない部分である。

　他方、BHNと人的資本論の間には、教育や保健を重視する点において、共通の利害関係がある。しかし、政策の内容については相反する点がある。第1に、対象となる集団が異なる。人的資本論は、労働人口でない老人、ハンディキャップを持った人々、病人のような、雇用不可能な弱者を対象としない。しかし、BHNは雇用不可能な弱者をも対象としている。

　第2に、投資の内容が異なる。人的資本論は、生産性に直接関連している教育訓練を最も重視し、間接的に影響を与える栄養と保健を重視する。教育の分

類では、雇用に役立つ訓練のほうがより重視される。教育、栄養、保健などは、人間への投資という手段であり、目標は所得の向上や資産の向上にある。一方、BHN は、保健、栄養、初等教育などは、人間の BHN を満たすものであり、それ自身が投資の目標である。そして、所得はこれらを達成する手段と見なす。

　以上のことから明らかなように、人的資本論と BHN は、目的と手段が逆になっているのである。人的資本論が人間を資本として扱い、手段として人間に注目しているのに対し、BHN は、人間の生存、尊厳に関わるニーズを目的としており、人間を中心においた発展の出発点となっている。

　このように、BHN は人間の生存に必要なニーズの獲得に重点が置かれているのである。しかし、人間の基本的ニーズの獲得に重点が置かれる結果、それが自己目的化してしまい、人間の発展といった本来の目的が無視されてしまう危険性がある。この危険性を解消しようとした考えが、人間開発である。

　BHN は、ややもすると人間の基本的ニーズを獲得する手段にウェイトがおかれてしまい、その結果、目的ではなく政策になってしまう傾向がある。そこで、その主客転倒を改め、人間そのものの「存在するニーズ」とそのために必要なものを「所有ニーズ」として明確にする必要がある。前者は、保護、愛情、理解、参加、余暇、創造、アイデンティティ、自由など人間が人間としてあるべきものを指しているのに対し、後者は、衣食住や教育など、人間が生きていく上で必要なものを指している。

　従って、人間開発は、「生きること (living)」、「どのような状態にあるのか (being)」、「何をするか (doing)」という考えのもと、提起されてきたのである[5]。

　人間開発は、BHN の延長線上にあるものであるが、BHN が公共政策としての福祉供与に重点がおかれているのに対し、より個々の人間の社会参加の側面に重点をおいたものである。

　また、人間開発のためには、人間を取り巻く社会環境の改善が図られなければならず、そこから人間優先分野（human priority areas）への支出が重視され

る。BHN アプローチ等が社会インフラを重視したのに対し、人間開発は、貧困、環境、栄養、保健、教育、女性、居住などの分野を重視するものであり、これらの分野に力を入れることで、人間開発の社会環境を整え、人間開発指標を高めることが必要になる。こうした開発戦略の立案、推進、評価のすべての段階で民衆参加を重視している点が、BHN と異なる。[6]

そして、これを実現するためには、人間はただ存在しているだけではなく、社会の構成員の一員であるという実態・実感が必要である。すなわち、人間開発のためには社会参加が必要なのである。それこそが、社会開発なのである。

社会開発については、後述するように、未だ十分な議論がされているわけではない。しかし、人間開発を実現するためには、人々の社会参加とそのための社会環境作りが必要なのである。

## 4 『人間開発報告書』の目的

『人間開発報告書』は、経済的議論、政策および啓蒙・啓発という観点から、開発プロセスの中心に人々の存在を据えることを主要目的として創刊された。同書は、所得を超え、人々の長期的な福祉レベルについて論じることであり、「人々の、人々による、人々のための開発」をもたらし、選択肢の拡大と自由の達成を強調している。また、開発援助の目的を、ひとりでも多くの人々が人間の尊厳にふさわしい生活ができるように手助けすることであると位置づけ、その上で国の開発の度合いを測定する尺度として、1 人当たり GDP、平均寿命、就学率を基本要素として、これらを独自の数式に基づき人間開発指数として指数化しているのが特徴である（図6-1）。[7]

さらに開発は「持続可能な人間開発」をめざすべきであり、そのためには経済成長を生み出すだけでなくその恩恵を公平に分配できるような開発でなければならないという考えに立って、さまざまな角度から開発の重要課題を扱っている。[8]それは、毎年発表される『人間開発報告書』のテーマを見ると一目瞭然である（表6-1）。表6-1からも分かるように、この報告書のタイトルを見る

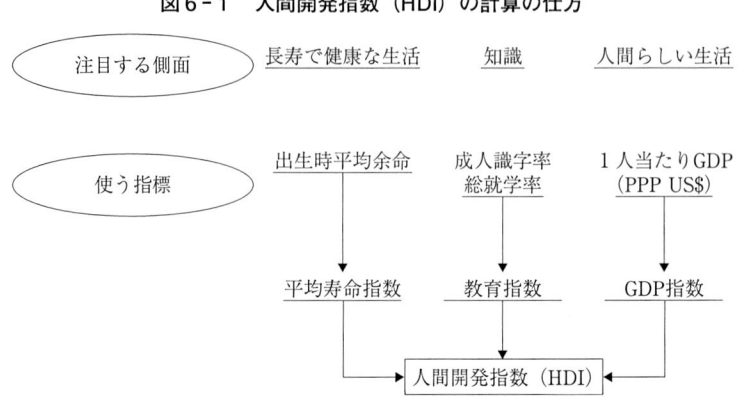

図6-1　人間開発指数（HDI）の計算の仕方

| 注目する側面 | 長寿で健康な生活 | 知識 | 人間らしい生活 |

| 使う指標 | 出生時平均余命 | 成人識字率 総就学率 | １人当たりGDP（PPP US$） |

→ 平均寿命指数　教育指数　GDP指数 → 人間開発指数（HDI）

出典：国連開発計画（UNDP）『人間開発ってなに？』2003年、9頁より作成。

と、創刊からの数年間は人間開発という考え方を広く普及させるのに重点が置かれており、その後、世界全体が抱える個別課題と人間開発との関係について取り上げられており、2000年以降、特に2003年以降には現下の世界経済・政治・社会の喫緊の課題である、経済開発・環境問題などに焦点が置かれるようになってきている。

『人間開発報告書』の特徴は、何といっても毎回人間開発指数を発表し、各国比較を行っていることだ。さらに、人間開発指数だけではなく、ジェンダー開発指数（Gender-related Development Index: GDI）、ジェンダー・エンパワーメント指数（Gender Empowerment Measure: GEM）、そして人間貧困指数（Human Poverty Index: HPI）の４つの人間の豊かさを図る指数を発表している[9]。

人間開発指数の特徴・意義は、一国の「開発」を、所得の増大ではなく、長寿、知識、人間らしい生活水準の３つの分野について測ったことである。この指標を通して、各国のHDIを見ていると、アイスランド、ノルウェー、オーストラリア、カナダ、アイルランドが高くなっている（表6-2）。GDP大国であるアメリカ、日本、中国、ドイツなどは8位に日本がランクインしているだけである。このことからも分かるように、物質的豊かさ＝人間的豊かさではないということだ。

第**6**章　量から質への転換を図る開発経済学

表6-1　『人間開発報告書』のタイトルの推移

| 1990年 | 「人間開発の概念と測定」 |
|---|---|
| 1991年 | 「人間開発の財政」 |
| 1992年 | 「人間開発の地球的側面」 |
| 1993年 | 「人々の社会参加」 |
| 1994年 | 「人間の安全保障」 |
| 1995年 | 「ジェンダーと人間開発」 |
| 1996年 | 「経済成長と人間開発」 |
| 1997年 | 「貧困と人間開発」 |
| 1998年 | 「消費パターンと人間開発」 |
| 1999年 | 「グローバリゼーションと人間開発」 |
| 2000年 | 「人権と人間開発」 |
| 2001年 | 「新技術と人間開発」 |
| 2002年 | 「ガバナンスと人間開発」 |
| 2003年 | 「ミレニアム開発目標（MDGs）達成に向けて」 |
| 2004年 | 「この多様な世界で文化の自由を」 |
| 2005年 | 「岐路に立つ国際協力」 |
| 2006年 | 「水危機神話を越えて」 |
| 2007/08年 | 「気候変動との戦い」 |

出典：『人間開発報告書』各年版より作成。

表6-2　各国の人間開発指数

| 1位 | アイスランド |
|---|---|
| 2位 | ノルウェー |
| 3位 | オーストラリア |
| 4位 | カナダ |
| 5位 | アイルランド |
| 6位 | スウェーデン |
| 7位 | スイス |
| 8位 | 日本 |
| 9位 | オランダ |
| 10位 | フランス |

出典：国連開発計画『人間開発報告』2007/2008年版。

　さらに、HDIを見ると一国の政府がどのような政策を選択しているかがわかる。図6-2のようにジャマイカとモロッコの所得はそれぞれ、3,720ドルと3,600ドルとほぼ同じであるが、HDIでは78位と126位と大きな差が生じる。これは成人識字率がジャマイカ87.3％、モロッコ49.8％と大きく異なっていることがHDIの差の一因である。また、ベトナムとパキスタンの所得は、2,070ドル、1,890ドルとそれほど差はないが、HDIの順位は109位と144位とかなり異なる。この場合も成人識字率はベトナム92.7％、パキスタン44.0％と大きく異なっている。逆に、タイとフィリピンやボツワナとスワジランドのようにHDIはほぼ同じでも所得は大きく異なっている例もある。このように所得が

第Ⅲ部　開発経済学の発展

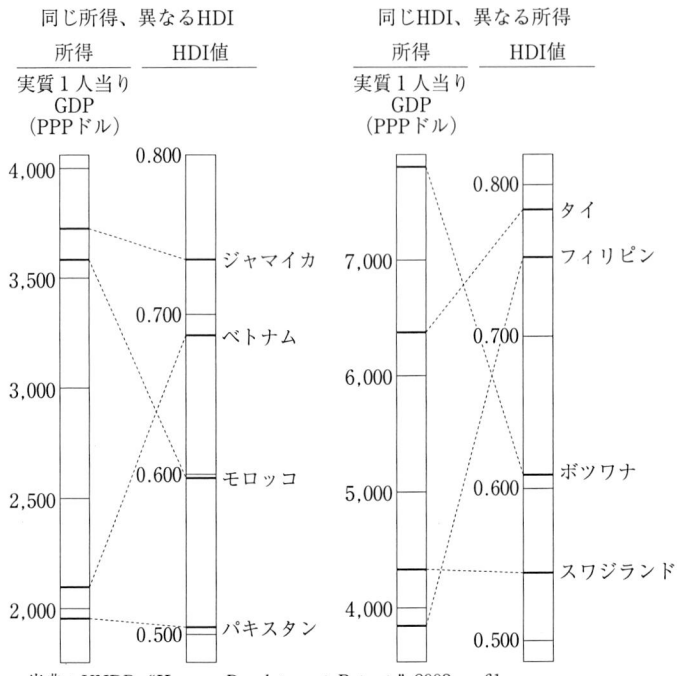

図6-2　同じ所得でもHDIが異なる事例

| 同じ所得、異なるHDI | | 同じHDI、異なる所得 | |
| --- | --- | --- | --- |
| 所得 | HDI値 | 所得 | HDI値 |
| 実質1人当りGDP（PPPドル） | | 実質1人当りGDP（PPPドル） | |

左図：ジャマイカ、ベトナム、モロッコ、パキスタン
右図：タイ、フィリピン、ボツワナ、スワジランド

出典：UNDP. "Human Development Report.", 2003, pp61.

低くても人間中心の開発を進めることができる、ということが理解できる。[10]

　他方、人間開発の概念は、教育や保健医療、人間らしい生活水準が向上すればよいという狭く単純化されたものではなく、より複雑で大きなものでもある。HDIで政治的自由や地域の社会生活への参加や身体的な安全を測ることができないのがそれだ。[11]

　以上のように人間開発は決して人間にとって必要なすべての問題を測定できない、という問題はあるものの、それまでの物的指標のみを豊かさとした価値判断に比べると、著しく発展した概念であるといえる。

第 **6** 章　量から質への転換を図る開発経済学

## **5**　人間開発から社会開発へ

　人間開発が注目されてからしばらくして、国際社会は人間の潜在能力を発揮させる人間開発の向上のためには社会そのものの発展が必要であるとして、社会開発という考え方が打ち出された。

　1995年にデンマークのコペンハーゲンで開催された**世界社会開発サミット**がそれだ。このサミットは、社会的公正の実現の観点から社会開発問題を討議するために開催された国連主催の会議であり、それまで国連が開催したサミットの中でも最大の118名の首脳が出席し、世界が力を合わせて人間中心の社会開発に取り組んでいくことが宣言された会議であった。

　世界社会開発サミットが開催された背景には、第2次世界大戦後から長年続いてきた東西冷戦が終結する一方で、地域紛争の続発、所得格差・南北格差の拡大など、多くの人々が悲惨な状況に置かれたままの状態にあるといった問題が残存し、各国政府は社会問題に直面していた、という事情がある。

　例えば、経済開発が進められている中で、世界全体の富は増大し、平均寿命や識字率の向上、乳児死亡率の低下、民主主義の進展などの進歩がみられる一方、国内における貧富の差、先進国と途上国の間の貧富の差は拡大し、10億人以上の人々が貧困状態にあり、大規模な失業、大量難民・国内避難民、地球環境の悪化など、至急解決を要する問題も数多く存在している。

　これらの問題は、国際社会の相互依存関係の進展、グローバリゼーションの拡大などにより加速し、もはや一国だけではなく解決できず、地球規模の問題として国際社会が一致して取り組まなければならない課題が増えてきた、というのが背景となっている[12]。

　このサミットで採択された『コペンハーゲン宣言及び行動計画』では、「社会開発の究極の目標は、すべての人々の生活の質を改善し、向上させることである。それは、民主的機関、すべての人権及び基本的自由の尊重、一層の平等な経済的機会、法の支配、文化的多様性及び少数者に属する人々の権利の尊重

の促進及び市民社会の活発な参加を必要とする。能力開発と参加は、民主主義、調和及び社会開発のために非常に重要である。社会のすべてのメンバーは、彼らの生活するコミュニティの問題に積極的に参加する機会及び権利と義務を行使することができなければならない。ジェンダー間の平等と公平及び女性のすべての経済的、社会的及び政治的活動への完全参加は非常に重要である。女性の意思決定、教育、ヘルスケア・サービス及び生産的雇用へのアクセスを制限する障害が撤廃されなければならず、家庭生活における男性の十分な責任を含む男女間の公平なパートナーシップが確立されなければならない。ジェンダーに関する一般的な社会的規範を、より人間的な世界秩序の創造のため男女がともに働く新世代へ向けて変革しなければならない。」と位置づけた[13](表6-3)。そして、この目標を達成するために以下のような環境の整備が必要であると唱った。

### 表6-3　社会開発に関するコペンハーゲン宣言

| |
|---|
| 1　歴史上初めて、国連の招待により、社会開発と人類の幸福の重要性を認識し、これらの目標に対して現在そして来る21世紀に向けて最も高いプライオリティを与えるために、我々は、国家元首あるいは政府首脳として会するものである。 |
| 2　我々は、世界のあらゆる国々に影響を与えている深刻な社会問題、特に貧困、失業及び社会の疎外に対する緊急な取り組みの必要性を世界中の人々がさまざまな形で表明していることを認識する。人々の生活から不確実性や危険性を除去するために、構造的かつ根本的原因とその悲惨な結果の双方に立ち向かうのが我々の責務である。 |
| 3　我々は、さまざまな国々や地域に生活する個人やその家族及びコミュニティの物質的、精神的ニーズに対し、我々の社会がより効果的に応えなければならないことを認める。我々は、これを緊急の課題として、しかも将来にわたり持続的で揺るぎないコミットメントとして取り組んでいかなければならない。 |
| 4　我々は、社会のあらゆる領域において、民主主義と透明で責任ある統治と行政が、社会と人間中心の持続可能な開発の実現に欠くことのできない基礎であることを確信する。 |
| 5　我々は、社会開発と社会的公正が、各国国内そして国家間の平和と安全を達成し、維持するために不可欠であるという確信を共有する。また逆に、社会開発と社会的公正は、平和と安全、そしてすべての人権と基本的自由の尊重なくして得ることはできない。こうした本質的な相互依存関係は50年前に国連憲章で確認されたが、以降さらに顕著になっている。 |

## 第6章 量から質への転換を図る開発経済学

6 また、我々は、経済発展、社会開発及び環境保護が相互に依存し、それらは、すべての人々がより高い質の生活に到達することに向けての我々の努力の枠組みである持続可能な開発のために相互に強化し合う要素であることを強く確信する。貧しい人々が環境資源を持続的に利用できるようにする公平な社会開発は、持続可能な開発のために必要な基礎である。我々はまた、持続可能な開発のコンテキストの中での広範な基礎に基づく持続的経済成長が、社会開発と社会的公正を支えるために必要であることを認める。

7 従って我々は、社会開発が、世界中の人々のニーズと期待及び政府と市民社会のあらゆる主体の責任の中心に位置するものであることを認識する。我々は、経済的にも社会的にも最も生産的な政策と投資とは、人々の能力、資源及び機会を最大にするために人々の能力を開発するものであると考える。持続的な社会的・経済的発展は、女性の完全な参加なしには確保されず、また、男女の平等と公平が、国際社会のプライオリティであり、そのようなものとして経済・社会開発の中心に据えなければならないことを我々は認める。

8 我々は、人々こそが持続可能な開発に対する我々の関心の中心にあり、人々は環境と調和した健康的で生産的な生活を送る権利を有することを認める。

9 我々は、すべての人々、特に貧しい人々が、満足な生活をおくり、家族、コミュニティ及び人類の幸福に貢献することができるように権利を行使し、資源を利用し、責任を分担することができるよう我々自身及び我々の政府と国家が世界中の社会開発に努めることを誓うためにここに参集した。このような努力を支援し、促進することが国際社会の優先目標であり、特に貧困、失業及び社会的疎外などに苦しんでいる人々に配慮しなければならない。

10 我々は、国連50周年を前に冷戦終結がもたらした社会開発と社会的公正を促進するためのまたとない機会をとらえるとの決意をもって厳粛にこの誓約を行なう。我々は、国連憲章の諸原則、及び子供のための世界サミット（1990年、ニューヨーク）、国連環境・開発会議（1992年、リオ・デ・ジャネイロ）、世界人権会議（1993年、ウィーン）、小島嶼開発途上国の持続可能な開発に関する地球会議（1994年、ブリッジタウン、バルバドス）、国際人口・開発会議（1994年、カイロ）などの関連の国際会議における合意事項を再確認し、指針とする。このサミットにより、我々は、それぞれの国々において社会開発への新たなコミットメントを打ち出し、人々のニーズ、権利及び願望を我々の決定と共同の行動の中心に据えるパートナーシップの精神に基づく政府と人々との間の国際協力の新時代を開始する。

11 我々は、ここコペンハーゲンに希望とコミットメントと行動のサミットに参集した。我々は、果たさなければならない責務の困難さを十分認識しつつも、大きな前進が得られ、得られなければならず、また得られるとの確信をもって参集するものである。

12 我々は、社会開発を促進し、現在そして来る21世紀に向けて世界中のすべての人々の人間としての幸福を確保するために本宣言及び行動計画にコミットする。我々は、すべての国々及びあらゆる生活分野のあらゆる人々に対して、また国際社会に対して、共通の目標のために我々と行動を共にするよう呼びかける。

出典：世界社会開発サミット

・我々の社会の機能や幸福を定める決定の策定及び実行における市民社会の幅広い基礎に基づく参加及び関与。
・持続的な経済成長及び持続可能な開発の広範な基礎に基づくパターン及び人口問題を経済・開発戦略に統合すること。
・社会グループ及び国々の間の成長の恩恵の公平で差別のない配分及び貧しい人々の生産的資源へのアクセスの増大。
・効率と社会開発につながる市場の力の相互作用。
・社会的な分裂を引き起こすような不均衡を是正することを求め、多元主義と多様性を尊重する公の政策。
・民主主義、開発、そしてすべての人権及び基本的自由の間の相互の関係強化を促進する支援的で安定した政治的、法的枠組み。
・多元主義と宗教、文化を含む多様性を尊重しつつ疎外を回避する政治的、社会的プロセス。
・社会開発に関するコペンハーゲン宣言の原則、目標、コミットメント及び国際人口・開発会議のそれらに従い、家族及びコミュニティ市民社会の役割の強化。
・知識、技術、教育、ヘルスケア・サービス及び情報へのアクセスの拡大。
・すべてのレベルにおける連帯、パートナーシップ及び協力の強化。
・人々が（自らの力で）一生を通じて健康と生産性を享受することを可能にするような公の政策。
・人間を中心に置く持続可能な開発のコンテキストにおける自然環境の保護及び保存。

さらに、社会開発の基礎として、持続した経済成長ならびに地球的な規模での持続可能な開発の促進、そして生産性、差別のない多角的規則に基づいた国際貿易システム、雇用及び所得の成長のためには次の行動が必要である、と主張している。

(a)開かれた、公平、協力的かつ相互に利益を及ぼすような国際的経済環境の

促進。

(b)広範な基礎に基づく持続的経済成長及び持続可能で公平な開発を助長するとともに職を創出し、貧困の撲滅、社会的経済的不平等と疎外を軽減するような健全で安定したマクロ経済政策及び分野別政策の実施。

(c)企業、生産的投資及び開かれた、公平、安全、無差別、予測可能、透明そして多角的規則に基づいた国際貿易システムのコンテキストにおいて開かれ、かつダイナミックな市場へのアクセスの促進、並びにすべての人々、特に貧しい人々と後発開発途上国による技術へのアクセスの促進。

(d)ウルグァイ・ラウンド多角的貿易交渉の最終議定書を完全に計画通りに実施すること。

(e)国際法及び国連憲章に則らない、国家間の貿易関係に障害となり、社会的、経済的開発の完全な実現を妨げ、影響を受ける住民の福祉を阻むようないかなる一方的な措置も差し控えること。

(f)農業部門の持続可能な成長及び市場機会の改善を通じた食糧増産、及び貧困を緩和し、栄養失調を撲滅し、生活水準を向上させる手段としての開発途上国の低所得民の食糧へのアクセスの拡大。

(g)特に、金融市場のより高度の安定、金融危機のリスクの軽減、為替レートの安定の改善、長期の低実質金利の安定に向けての努力及び金融フローの不確実性の軽減を通ずる、安定した持続的経済成長及び持続可能な開発につながる国際金融システムを促進するための国内、亜地域（subregions）、地域及び国際レベルのマクロ経済政策の調整の促進。

(h)社会開発を特に強調し、経済政策への適当な考慮及び調整を確保するために必要な場合には特に能力開発を通じ、利用可能な国内的及び国際的機構、プロセス及び資源の設立、強化あるいは再建。

(i)開発途上国、特にアフリカ及び後発開発途上国が、社会活動を展開する能力の促進あるいは強化。

(j)アジェンダ21及び国連環境・開発会議の成果のフォローアップの枠組みで採択されたさまざまなコンセンサス合意、条約及び行動計画に従い、広範

な基礎に基づく持続的経済成長及び持続可能な開発が、環境及び将来の世代の利益を保護する必要性の尊重を確保すること。

(k)小島嶼開発途上国の特別なニーズと脆弱性が、それらの国々が「小島嶼開発途上国の持続的開発のための行動計画」を履行することにより、公平な持続的経済成長と持続可能な開発を達成することができるように適切に対応されることを確保すること。

また、社会開発の目標を支援するために政治的枠組みを確保することが必要であり、そのためには以下の行動が不可欠であるとした。

(a)社会政策の計画及び実行に責任を有する政府組織及び機関が、政策策定において社会開発に高いプライオリティを与えるために必要な地位、資源及び情報を有することを確保すること。

(b)法の支配、民主主義及びすべての公的及び民間の機関において透明性及び責任を創造し、あらゆる形態の腐敗を防止するとともにそれと闘い、教育及び責任、連帯及び市民社会の強化の促進による態度及び価値観の発展を通じて維持される規則とプロセスが存在することを確保すること。

(c)そのための教育プログラム及びマスメディア・キャンペーンの展開及び慫慂を行いつつ、あらゆる形態の差別を撤廃すること。

(d)公共機関及びサービスを政府の全般的な責任、プライオリティ及び目的と両立する範囲内で、地方のニーズに適切に対応することができ、地方の参加を容易にするレベルまで分権化することを慫慂すること。

(e)国内法及び規則を適当に考慮しつつ、社会のパートナーが、表現、結社の自由と団体交渉の権利が保障され、相互の利益を促進する状況を創設すること。

(f)職業団体及び自立労働者の団体についても同様の状況を創設すること。

(g)社会のすべてのメンバーが参加し、政治的多元主義及び文化的多様性を尊重する政治的、社会的プロセスを促進すること。

(h)すべての人々、特に不利あるいは弱い立場にある人々が自らの経済的、社

会的発展を遂げ、彼らの利益を代表する団体を組織、維持し、彼らが直接影響を受ける政府の政策及びプログラムの計画及び実行に参加する能力及び機会を増強すること。
(i)女性が、すべてのレベルにおいて意思決定及び実行プロセス、政策が策定され実施される経済的、政治的メカニズムに完全に関与し参加することを確保すること。
(j)男女のあらゆる生産手段と資産に対する所有権に関するすべての法的障害を除去すること。
(k)適当な場合には、国際社会と協力して、国連憲章、世界人権宣言その他の国際文書、関連の国連決議に従い、難民の移動の根本的原因に対処し、難民が安全かつ尊厳をもって自主的に帰還することを認める適切な政治的、法的環境を創出するための手段をとること。適当な場合には、国際協力を得て、国内レベルにおいても、国連憲章に従い、国内避難民が出身地に自主的に帰還できる条件をつくるための手段がとられなければならない。

そして、社会開発のためには、基本的人権の不可欠な部分を構成する発展の権利を含むすべての人権及び基本的自由が次の行動により促進され、保護されることが不可欠である、として以下の項目が提案された。

(a)未批准の既存の国際的人権条約の批准を慫慂すること。既に批准した条約や規約の規定を履行すること。
(b)普遍的で、不可分で、相互に依存し関連する、発展の権利を含むすべての人権及び基本的自由を再確認し、促進すること。それらが、適当な法制、情報の普及、教育・訓練及び実施のための効果的なメカニズム及び救済を通じ、特にモニター及び実施に責任を有する国内機関を設置あるいは強化すること等により尊重され、保護され、遵守されなければならない。
(c)すべての人々及びすべての人民が参加することができ、経済的、社会的、文化的及び政治的発展に寄与しそれらを享受できることを確保するための手段をとること。すべての人々が、個々にあるいは集団的に開発に対して

責任をもつことを確保すること。そして、国家はウィーン宣言及び行動計画の関連条項を考慮に入れつつ、発展の権利の実現のために好ましい国内的及び国際的条件を創出する第一義的な責任を有することを認識すること。

(d)民主主義の強化、開発、人権及び基本的自由を通じ、また、開発途上国のより急速な開発の強化のためには持続した行動が必要であるため、国内レベルにおいては効率的開発政策、国際レベルにおいては公平な経済関係及び好ましい経済環境を通じて発展の権利を促進すること。

(e)社会・経済開発に悪影響を与えるすべての人民、特に植民あるいはその他の形態の外国の支配あるいは外国の占領下にある人民の自決権の実現のため障害を除去すること。

(f)女性の人権を促進または保護すること。政治的・市民的・経済的・社会的及び文化的生活における女性と男性の間の完全な平等と公平へのあらゆる障害を除去すること。

(g)特に、児童の権利に関する条約の批准・履行、及び世界子供サミットにおいて採択された1990年代の児童の生存、保護及び発展に関する世界宣言のための行動計画の履行を慫慂することにより、とりわけ女児の権利に留意しつつ、児童の権利の促進及び保護に特別な注意を払うこと。

(h)すべての人々、特に社会の不利で弱い立場にある人々に対し、独立、公平かつ効率的な司法システムの恩恵を与えること。すべての人々が法的権利及び義務についての助言を受けることのできる権限ある機関へのアクセスを確保すること。

(i)障害者に対するすべての法律上、事実上の差別を撤廃するため効果的な手段をとること。

(j)市民社会及びコミュニティが、教育及び資源へのアクセスによって、社会開発プログラムの計画、意思決定及び実行に積極的に参加することができる能力を強化すること。

(k)家庭内の差別及び暴力を予防し、撤廃するために個人の権利を促進し保護

すること。

また、開かれた政治的、経済的システムのためには、すべての人々が知識、教育及び情報にアクセスする必要がある、として以下を提案した。

(a) すべてのレベルにおける教育システムを強化し、技能及び知識を習得するその他の手段についても強化すること。教育を受ける権利の行使への経済的、社会・文化的障害を除去する一方で、基礎教育及び生涯教育の機会への普遍的アクセスを確保すること。
(b) 完全な男女の平等と公平に対するすべての障害を撤廃するため男女間の問題に考慮した教育を促進すること及び一般の認識を高めること。
(c) マスメディア及びその他の方法を通じて、すべての人々の一般的関心事項に関する幅広い情報及び意見へのアクセスを可能にするとともに、慫慂すること。
(d) 教育システム、及び表現の自由と両立する範囲内において通信システムが、ジェンダー間の問題、非暴力、寛容、連帯、文化及び利害の多様性に対する尊重を含む社会的統合に対する人々の関心を高め、メディアにおけるポルノの開示及び明らかな暴力や残虐性のあからさまな描写を差し控えるよう慫慂すること。
(e) 国内的、地域的及び国際的レベルで収集されたジェンダー別に分析された資料の効率的な活用等、社会開発及びジェンダー間の問題に関する資料その他の情報の信頼性、有効性、有用性及び一般の人々の利便性を学術・調査機関への支援をも通じて、向上させること。

次に、好ましい政治的、法的環境を促進するための国内努力に対する国際協力は、国連憲章及び国際法の原則と調和し、国連憲章に基づく国家間の友好関係及び協力に関する国際法の原則に関する宣言と一致するものでなければならない。よって次の行動が求められる。

(a) 武力紛争を予防、解決し、一層大きな自由の中で社会的進歩と生活水準と

を促進するため、適当な場合には、国連及びその他の国際、地域及び亜地域国際機関の能力を利用すること。

(b)テロ、あらゆる形態の過激派暴力、非合法な武器取引、組織犯罪、不正薬物問題、マネー・ロンダリング及びそれに関連する犯罪、女性、若年者、児童、移住者及び人間の臓器の取引、及び人権と人間の尊厳に反するその他の活動と闘う政策、行動及び法的方法ないし手段を調整すること。

(c)開発を確保し、開発への障害を撤廃するために国家が相互に協力すること。国際社会は、特にウィーン宣言及び行動計画により再確認された発展の権利宣言の規定の履行を通じて、開発途上国の努力を支援して発展の権利の完全な実現及び発展への障害の撤廃のための効率的な国際協力を促進しなければならない。発展の権利の実現に向けての継続的な過程は、国内レベルでは効率的な開発政策、国際レベルでは公平な経済関係及び好ましい経済環境を必要とする。現在及び将来の世代の社会的、開発的、環境的ニーズに公平に対応するために、発展の権利が実現されなければならない。

(d)人間が社会開発の中心にあること、そしてこれが亜地域、地域及び国際機関のプログラム及び活動に十分に反映されることを確保すること。

(e)発展の権利を含むあらゆる人権及び基本的自由の履行及びあらゆる形態の差別の撤廃の促進のため、そのマンデート内で関連の国内、地域及び国際機関の機能を強化すること。

(f)さまざまな国際機関のマンデート及び機能の範囲内で社会開発の目標を支援し、能力開発及びその他の形態の協力を通じて制度的発展に貢献する政策を策定すること。

(g)特定の、あるいはグローバルな責任に対応することを可能ならしめるため、特にアフリカ及び後発開発途上国において政府、民間部門及び市民社会の能力を強化すること。

(h)市場経済移行期にある国々が、中央計画経済から市場指向経済に変革する過程を支援するため政府、民間部門及び市民社会の機能を強化すること。

以上かなり長い引用となったが、この宣言から分かることは、社会開発とは、単なる経済的豊かさだけではなく、人間が人間らしく生きていくことができる最低限の生活環境を保障するとともに、生き方の選択肢の幅を増やすことにより、社会の一員であるという認識と自尊心を持てるようにすることである。

　言い換えるならば、経済開発が本来、目的としていた人々の幸福の追求が、いつの間にか軽視され、物資的豊かさこそが成長の証であるとしてきた、戦後の経済開発への批判として、新たな問題提起＝社会開発が生まれたのである。そこにある問題関心は、貧困の概念を**物質的欠乏**（poverty）から、人為的に奪われた状態としての**剥奪状態**（deprivation）へと再定義しようという試みであり、この状態から脱出するためには、経済成長の量ではなく、その質をも問い、何よりも人々のおかれている状況を優先しようという考えなのである。しかし、忘れてはならないことは、それは決して物的豊かさを否定するものではなく、質的発展を伴ってこそ、真の豊かさが成就できるという、いわば質量ともに包括しようという野心的な考え方ということだ。

　他方、社会開発の理念は、現在開発途上国で様々な実践が展開されているが、それは十分に吟味され、社会的コンセンサスを得たものではない。その地域の特徴に合わせ、各自がそれぞれ実践しているにすぎない。その中で、社会開発に必要な要素が徐々に明らかになってきたというのが現在までの状況である。その社会開発が目指すものは、次の通りである。

①人間優先的な開発諸分野の重視。すなわち、栄養、安全な飲用水、識字・初等・生涯教育、保健・医療、家族計画、貧困対策、地域レベルでの雇用創出、環境など。
②性・人種・民族などの差別をなくす人権の強化と、国際・民族理解を深める開発教育、環境教育、国際理解教育などの促進。
③地域社会の発展と、開発計画の作成、実行、評価のあらゆる段階における住民参加。

④NGO、市民団体に対する免税措置など、非営利部門、社会的部門の振興と、開発計画における政府・NGO間のパートナーシップ形成。
⑤開発指標のGNP指標から社会指標への転換。

これらの分野における政策を着実に推し進めていくことが、社会開発理論が形成されて行く過程なのである。[16]

## *6* 新たなパラダイム転換に向けて

以上見てきたように、物的成長＝経済成長から質的成長＝人間開発・社会開発へと開発経済学は発展してきた。しかし、この人間開発・社会開発にも乗り越えなければならない課題がある。それは、人間開発によって発展した人間は、どこでその潜在能力を発揮するのか、ということである。それは市場においてである。市場経済が社会の中心であることを規定する資本主義社会では、市場を通して賃金を獲得し、得た賃金で市場において必要なニーズを手に入れるからである。

従って、人間開発は人間中心の発展概念であるとはいえ、最終的には市場に役立つ人間としての能力向上ということになる。これは、最終的には**市場の論理**、ひいては資本の論理に沿う人間になるということだ。ここで我々は、市場をどう理解するのか。市場とどう向き合うのか、という大きな問題に直面することになる。この段階において、開発経済学は第3のパラダイム転換に向かわなければならない。そこに、平和のための経済学として開発経済学が再生する理由がある。

次章以降では、新たなパラダイム転換に向けて平和のための経済学構築に必要な要素について見ていくことにする。その前に、7章では、市場とどう向き合うのか、についてその生成から今日にいたるまで分析してきた制度派経済学について見ていくことにする。

第**6**章　量から質への転換を図る開発経済学

〈注〉
1）　国連開発計画（UNDP）東京事務所 http://www.undp.or.jp/hdr/
2）　国連開発計画（UNDP）『人間開発ってなに？』2003年、5頁。
3）　前掲、国連開発計画（UNDP）東京事務所 URL。
4）　UNDP, *"Human Development Report."*, 1990, p9.
5）　阪本公美子「人間開発と社会開発」西川潤編『社会開発─経済成長から人間中心型発展へ』有斐閣選書、1997年、117〜125頁。
6）　西川潤「社会開発の理論的フレームワーク」、同上書、8〜10頁。
7）　国連開発計画東京事務所、http://www.undp.or.jp/hdr/
8）　国連開発計画前掲書、5頁。
9）　ジェンダー開発指数：人間開発の視点から、HDIと同じ3つの基本的条件（長命、教育、所得）に注目した指数であるが、GDIは特にジェンダーの不平等に焦点をあてたもの。HDIと異なるのは、GDIでは平均寿命、識字率と平均教育達成率、所得のそれぞれを男女格差に従って調整していること。

　　ジェンダー・エンパワーメント指数：GDIと同様にジェンダー不平等を測るものであるが、女性が社会的、政治的、経済的にどのくらい力を持っているか（女性のエンパワーメント）を見ようとするもの。

　　人間貧困指数：HPIは、従来の低所得＝貧しい、という図式を超えた「人間貧困」という新しい貧困の姿を示すことに特徴がある。経済的な側面だけでなく、健康でないことや読み書きが十分できないことも貧困の一面であるという考え方からは途上国向けのHPI-1が、そして、貧困は社会的文化的な疎外も意味するのだという考え方からは先進国向けのHPI-2が生まれた。数値は、人が生活するうえでどのくらい選択肢が限られているか（剝奪状況）の各国の度合いを示している。
10）　国連開発計画前掲書、10頁。
11）　同上書、10頁。
12）　厚生労働省『厚生白書　平成7年版』1995年、186頁。
13）　国連広報センター『コペンハーゲン宣言及び行動計画─世界社会開発サミット』1998年、26頁。
14）　麻薬取引や賭博などの不法な手段で得た資金を、金融機関間で次々に移動させることで、出所や所有者を分からなくし、「正常な資金」として運用できるようにすること。
15）　証券会社などの金融機関が、企業が株式発行などをおこなって資金調達しようとする際に、その企業より業務の委任を受けること。
16）　西川前掲書、16〜17頁。

### self study
①人間開発指数が向上した国と悪化した国を調べてみよう。また、その理由を考えてみよう。
②社会開発を実践している国・地域を調べ、その内容を整理してみよう。

### exercise
①物(量)的成長と精神(質)的成長はどうすれば両立できるか、考えてみよう。
②市場(資本)の論理とは何か、について考えてみよう。

# 第7章

# 市場の論理に挑戦する制度派経済学

●社会的共通資本としての制度派経済学

## *1* 制度派経済学とは

　この間の開発経済学が、途上国の貧困問題から始まり、南北問題、人間の必要条件、人間開発へと進化・発展してきたのは、今まで見てきたとおりである。BHN アプローチや人間開発論などは、**成長至上主義**から人間中心の経済開発へと重点を移した開発戦略である。一方で、人間中心の経済開発は、資源環境を含む環境問題、南北問題それ自体の解決に対しては十分な説得力を持たないまま今日に至っている。自然環境の悪化が環境難民を生み出し、ひいては彼らが国民国家や国民経済の存立を危うくするという観点から掲起された、政治学的アプローチとしての人間の安全保障論等は、その代替的発想といえる。

　これに対して、新古典派経済学を真っ向から批判し、市場原理主義からの脱却を求めたのが制度派経済学である。

　他方で、第4章で見られた新従属理論を含むマルクス経済学も、1990年代以降の社会主義体制の崩壊により、その歴史的意義は限界を見せ始めた。

　従って、制度主義は、生産と労働の関係が倫理的、社会的、文化的条件を規定するというマルクス主義的な思考を克服し、他方で倫理的、社会的、文化的、自然的諸条件から独立したものとして最適な経済制度を求める新古典派経済学の立場を否定するものとして、台頭し始めた、ということができる[1]。

**制度派経済学**とは、1880年代後半頃にアメリカで生まれた。この学派が注目されるようになったのは、1900〜1930年代にかけてソースティン・ヴェブレン（Thorstein Veblen）、ジョン・ロジャーズ・コモンズ（John Rogers Commons）、ウェズリー・クレアー・ミッチェル（Wesley Clair Mitchell）らが中心となって、新古典派経済学の市場原理主義に対して「制度が重要である（Institutions matter）」と説いたことによる。

制度派経済学という言葉は、1918年のアメリカ経済学会の年次総会で、ウォルトン・ハル・ハミルトン（Walton Hale Hamilton）が初めて使ったと言われている[2]。

制度派経済学からすると、経済学は制度の進化、制度の機能を分析し、将来どのような制度構築がされるのか、という制度の動態的・累積的変化の過程を分析する学問である。

その主な特徴は、制度研究を経済学の中心に据え、制度を解釈するためには社会心理学が欠かせないとし、さらには、政治学、法律学、経営学などの見解を十分に取り入れなければ正しい解釈ができないとした点にある。制度派経済学の創始者と呼ばれるヴェブレンは、私的所有より社会資本を重視し、営利企業は産業体制を管理し消費者に消費財を公正に分配する任務には適していないと考えた[3]。

制度派経済学は均衡ではなく過程を重視する。均衡は新古典派経済学が重視した概念であるのに対し、制度派経済学は競争、所有、価格メカニズムのような制度は、たえず（制度の）変化を繰り返しながら発展していくのであり、問題はその発展の過程を理解することだとする。それは人間行動に関する社会心理学に基づく考えである。すなわち、新古典派経済学の合理主義的個人主義や戯画化された功利主義ではなく、刺激や本能が果たす役割を強調するのである。つまり、個人の行動における差異の主要な源泉を制度的状況の多様性の中に求めるのである[4]。

また、新制度派経済学は、社会の様々な制度や組織の発展について、個人が合理的な行動をするはずだという前提から分析を行う。政府、法律、市場、企

業、家族などの制度の発展は、人間の**合理的選択**の結果であると把握する[5]。要はアダム・スミス（Adam Smith）が1776年に『国富論』の中で唱えた、市場は「**神の見えざる手**（invisible hands）[6]」によって均衡状態を保つのではなく、制度を通した合理的選択によって発達するということだ。

この新制度派経済学の中心的概念である社会資本を具体的な形で表現・発達させたのが社会的共通資本である[7]。

## 2 社会的共通資本とは

社会的共通資本とは、一つの国ないし特定の地域に住むすべての人々が、豊かな経済生活を営み、優れた文化を展開し、人間的に魅力ある社会を持続的、安定的に維持することを可能にするような社会的装置である。それはまた、自然環境、社会的インフラストラクチャー、制度資本の三つの大きな範疇に分けて考えることができる。自然環境とは、大気、水、森林、河川、湖沼、海洋、沿岸湿地帯、土壌などであり、社会的インフラストラクチャーとは、道路、交通機関、上下水道、電力・ガス、通信施設などの社会的インフラなど一般に社会資本と呼ばれているものである。また、制度資本とは、教育、医療、金融、司法、行政などの制度を広い意味で（制度）資本と捉えたものである（図7-1）[8]。

さて、資本主義の制度的特徴は何かというと、資源配分と所得分配が市場の機能を通して行われることである。従って、市場経済において、制度的前提となるのは、生産、消費過程で必要となる希少資源のほとんどが私有化されており、その利用のための交換は市場を通じて行われるということである。市場が均衡していれば、すべての経済主体は自ら最も望ましいと考える行動を選択（合理的選択）し、すべての生産要素、財・サービスに関して、需要と供給とが完全に一致する状態が実現する。しかし、**情報の非対称性**問題や私有制をめぐるアンバランスが常態化している資本主義的市場メカニズムでは、所得分配に関する公正性を期待することはできない。ここに、新古典派経済学の矛盾があり、制度派経済学が登場する必然性があるのである[9]。つまり、市場のもとで均

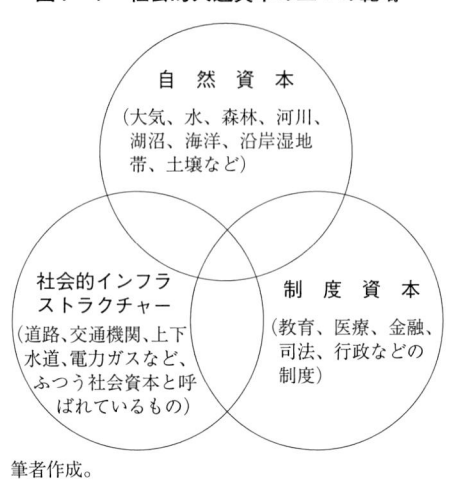

## 図7-1 社会的共通資本の三つの範疇

- 自然資本（大気、水、森林、河川、湖沼、海洋、沿岸湿地帯、土壌など）
- 社会的インフラストラクチャー（道路、交通機関、上下水道、電力ガスなど、ふつう社会資本と呼ばれているもの）
- 制度資本（教育、医療、金融、司法、行政などの制度）

筆者作成。

衡状態が保証されない限り、市場の優位性・効率性を保障するためには、制度を通してそれを保障するしか方法がないからである。現在では、グローバリゼーションの下、市場の不均衡はますます拡大しており、そのために所得格差、南北格差は拡大する一方である。

社会的共通資本の考え方は、このような不均衡がもたらす格差、環境破壊などを是正し、より人間的、より住みやすい社会を作るためには、どうしたら良いか、という問題を経済学の原点に立ち返って考えようという意図のもとに考え出されたのである[10]。

さて、社会的共通資本の概念を理解するためには、前で述べた生産手段の所有ないし管理に関する一般的考察から入る必要がある。

経済活動の過程で必要となる希少資源は、2つのカテゴリーに分類される。私的資本と社会的共通資本がそれだ。私的資本は、個々の経済主体に分属され、各経済主体の持つ主体的価値基準に基づいて、その使用が決定され、市場を通して取引（交換）される。これに対して、社会的共通資本は、各経済主体への分属が許されず、社会全体の共通の財産として管理され、その使用につい

ても市場経済の基準によってではなく、社会的基準に則って決められる[11]。ある特定の希少資源が私的資本ではなく、社会的共通資本として社会に管理されるのは、社会的、制度的諸条件に依存するからであり、必ずしも経済的、技術的観点に基づいて決められるわけではない。ある希少資源が、社会的共通資本として取り扱われる時は、私的資本の市場を通して交換されるのではなく、それぞれの社会的、文化的性格に依存して決定される。言い換えれば、市民の基本的権利の充足に重要な役割をもつ希少資源について、原則として私有制を認めず、社会的共通資本として社会にとって共通の財産として、社会的に管理し、そこから生み出されるサービスを社会的基準に基づき分配するのが、社会的共通資本の基本的概念である[12]。

## 3　社会的共通資本が対象とする世界

　社会的共通資本が、従来の市場的基準では測ることのできない分野を網羅する時、それがカバーする対象は限りなく広い。自然環境、都市、農村、教育、医療、金融などがそれにあたる。これらは人類全体にとっての社会的共通資本の管理・維持という観点から網羅される分野だからである。
　以下では、それぞれの分野について、社会的共通資本がいかなる役割を果たすのかを見ていく。

### (1)　自然環境

　自然環境とは、具体的には森林、草原、河川、湖沼、海洋、水、土壌、大気などを指すが、森林、草原などに生存する動・植物も自然環境の一部である[13]。これら自然環境は、古くから公共性の高いものと考えられてき、そのため私的に占有され、独占されて他人の使用を排除するということはなかった。しかし、このことは逆に、近代の市場経済の下ではそれらが市場取引の対象とはならないということ、私的な経済活動においてはその使用が「自由」にできるということを意味した。
　その結果、自然を改造し、人間が自由に「支配できる」ことをもって、人間

社会の進歩・発展とみなす近代的な思考様式が影響力を増すことによって、歴史上かつてない規模とスピードの経済成長が実現したが、それは他方で自然界の持つ許容力の限界を超えるに至り、今日のようなさまざまな自然破壊、環境破壊をもたらすこととなった[14]。

しかし、自然環境は、人間が生存し、生活を営むために欠くことのできない重要な役割を果たしている。従って、自然と人間との間の相関関係がどのような形で制度化されるかによって、人間と人間との間の社会関係も規定されることになる。どのような自然環境をどのようなルールで利用するのか、すなわちルールと管理をどのように作るのかが、その社会の中心的な要素とならなければならない[15]。

(2) 都　　市

社会的共通資本としての都市とは、ある限定された地域に、数多くの人々が居住し、働き、生計を立てるために必要な所得を得る場である。それと同時に、多くの人々がお互いに密接な関係を持つことによって、文化の創造、維持を図ってゆく場である。都市では、本源的な意味における土地の生産性に依存することなく生産活動を行うことができるという点で、農村とは本質的に異なる。

農村では、生産活動が土地と時間を主要な生産要素として行われるのに対して、都市における土地利用の規模と機能はきわめて限定的である。しかし、都市において、土地利用がどのような形で行われているかということは、そこで営まれる社会的、経済的、文化的、人間的活動の政策を規定する上で決定的役割を果たす[16]。

(3) 農　　村

農村（漁村も含む）を社会的共通資本として捉える時、そこには２つの側面がある。１つは、空間ないし場としての農村の特質である。例えば、日本は国土の約70％が森林、約13％が耕地、２％弱が草地で占められている。元々土地はその他の財に比べて公共的性格が強く、従って、国土という概念は社会的共通資本と見ることができる。

2つ目は、農村の経済的・社会的・文化的機能である。農業や林業は農山村で、それぞれの自然条件と密着して行われており、それを担ってきた農山村社会には独特の歴史や文化がある。この2つの側面は、歴史的変化を遂げながらも常に一体をなしてきた[17)]。しかし、工業化の進展と共に、農林業は大きく変貌し、また過疎地域が拡大したことにより、社会的共通資本としての機能は著しく低下してしまった。これが単に農業の衰退だけではなく、自然環境の破壊をももたらしたことによって、再び社会的共通資本の重要性が再評価され始めたのである[18)]。

(4) 教　育

教育は、人間が人間として生きてゆくための中心的役割を果たす。1人1人の人間が、それぞれのおかれた先天的、歴史的、社会的条件の枠組みを超えて、知的、精神的、芸術的営みを始めとして、あらゆる人間的活動の面で、進歩と発展を可能にするのが教育の目的である[19)]。学校教育は、教育の理念を具体的な形で実現するために最も効果的制度である。小・中学校などの基礎教育は、子供達の人格的発達、社会的人間への成長を助けるのに重要な役割を果たす。

他方、大学を中心とする高等教育は、より深い知識と高い技術的、技能的能力を身につけて、職業的、専門的人間として生き、科学、技術、芸術、文化、経済などの面で進歩に貢献することを可能にする。これらはいずれも社会的共通資本の重要な要素である[20)]。

(5) 医　療

ここでは世界保健機関（World Health Organization: WHO）の憲章に定められている保健という幅広い概念で理解する。その際、保健とは疾病からの自由、苦痛からの自由、早死にからの自由を求めるためのサービスを意味する。言い換えれば、市民の健康を維持し、疾病、障害からの自由を図るために、医学的見地に基づいたサービスを提供することである。保健あるいは医療は、市民の基本的権利のうち最も重要な役割を果たすものであり、政府は、保健、医療にかかわるサービスを市民に提供する責務を負っているのであり、市民はこの

サービスを享受する権利を所有していることになる。

　従って、保健あるいは医療が、社会的共通資本として扱われることは、近代市民社会にとって不可欠な制度的前提である。しかし、医療のために配分することのできる希少資源（新型インフルエンザに対するワクチンなど）は限定されたものであり、各人が必要とする医療サービスを自由かつ無制限に享受することができないのが、実情である。そのため、その時点で、限られた医療資本を最も効率的かつ社会的な利点から見て公正に配分するためには、どのような制度が必要なのか、という問題が提起される。

　さらに、社会的共通資本としての医療制度を考えた時、その基本的条件は、医師が医学的見地から最も望ましいと判断した診療行為を行なった時、それにかかる費用が、その医師の所属している医療機関の収入と常に一致しているということである。また、患者の立場から見た時、所得の大きさ、居住地、民族やジェンダー等の条件にかかわらず、医学的ないし医療技術的観点から、常に最適な診療を受けることができることである[21]。

　これらを保障ないし管理するのが、医療としての社会的共通資本である。

### (6) 金　融

　今日の金融資本の世界を見ると、2008年に起きたリーマンブラザーズの破綻に端を発する世界的金融危機（それは100年に１度の危機と呼ばれた）に象徴されるように、「**市場の暴走**」はもはや誰にも止めることのできないほど、資本は膨張したかに見える。こうした「市場の暴走」を未然に防ぎ、金融にかかわる様々な市場について構造的、制度的条件を整備し、経済循環の安定性を確保するための金融制度が社会的共通資本としての金融制度である[22]。これは、一国のみならず、国際的協調をも必要とする点で、今のところ実現していないということができる。

　以上いくつかの分野で、社会的共通資本の意義を見てきた。社会的共通資本とはこの分野以外に社会のあらゆる分野において通底するものである。その根底にあるのは、市場の有効性、効率性や社会の規範、ルールを私的所有だけにゆだねるのではなく、公正な分配と公共財、そのための管理・運用としての制

度をいかに構築するかという点に主眼が置かれた考え方である。現在のように、グローバリゼーションが進展する中で、ますますその重要性、意義が強調されている。しかし、一方で、私的所有と自由競争が前提となっている資本主義社会で、それをどのように具体化するのか、その抱える課題は大きいと言わざるを得ない。

## 4 制度派経済学の課題

　今まで、制度派経済学が新古典派経済学の私的所有と市場の均衡のもつ問題性を克服するために、社会規範としての制度のもつ有効性を深化させてきた過程を見てきた。宇沢弘文はこれを社会的共通資本としてとらえることで、経済社会の仕組みを公共（財）性という視点でとらえ、新たな社会装置を作り上げようとしたのである。

　制度派経済学は、19世紀の後半に誕生したにもかかわらず、20世紀後半になるまで、新古典派経済学の後塵を拝してきた。それはなぜか。それは、市場を媒介とした自由競争の過程で、絶えず拡大していく資本の論理の「正当性」＝物的増大こそが成長であり、豊かさであるという論理に対抗するビジョンを提示できなかったからではないか。しかし、グローバリゼーションの進展が市場の暴走を招き、途上国はもちろん、先進国においてもその弊害が看過することができなくなった今日、資本に対する規制、監視が必要であることは誰の目にも明らかとなった。問題は、進展したグローバリゼーションを世界経済全体で規制する制度・規範が作れるかどうかである。この点において、制度主義が乗り越えなければならない壁はまだまだ厚いといえるだろう。

　特に、グローバリゼーションが支配する社会に代わる新たな社会の構築という視点からは、制度主義はどのような展望を描くのか、いまだ見えていない。

　筆者は、グローバリゼーションが支配する社会に代わる新たな社会構築のための、理論的枠組みとして、平和のための経済学を構想する。これは、従来の開発経済学の転換だけではなく、人類が目指すポストグローバリゼーションの

羅針盤となるものと考える。筆者はそれを平和のための経済学と呼ぶ。以下の章では、**平和経済学**とは何か、ということを明らかにすると共に、その構築に必要な理論的枠組みを提示する。

〈注〉
1） 宇沢弘文『社会的共通資本』岩波新書、2000年、20頁。
2） Bernard Chavance, *"L'ÉCONOMIE INSTITUTIONNELLE"*, LA DECOUVERTE, 2007. ベルナール・シャバンス、宇仁宏幸・中原隆幸・斉藤日出治訳『入門制度経済学』ナカニシヤ出版、2007年、29頁。
3） 渡辺利夫・佐々木郷里編『開発経済学事典』弘文堂、2004年、282〜283頁。
4） シャバンス前掲書、29〜30頁。
5） 渡辺利夫・佐々木郷里編『開発経済学事典』弘文堂、2004年、282〜283頁。
6） Adam Smith, *"An Inquiry into the Nature and Causes of the Wealth of Nations"*, London, 1776. アダム・スミス、大河内一男監訳『国富論Ⅰ』中央公論社、1989、31頁。
7） ここで社会資本ではなく、社会的共通資本という概念を用いるのは、社会資本が、経済社会に対して補助的、補完的機能を果たすものとみられがちなのに対し、社会的共通資本は、生活を含む経済システムが機能する「場」そのものをあらわす概念として、より実践的であると考えるからである。本章ではこの考え方をもとに制度派経済学の今を明らかにする。高木郁朗「社会的共通資本の発展のために」宇沢弘文・高木郁朗編『市場・公共・人間—社会的共通資本の政治経済学』第一書林、1992年、270頁。
8） 宇沢前掲書、5頁。
9） 同上書、24〜26頁。
10） 同上書、43頁。
11） 例えば、昔の日本でよく見られた、入会地、入会林などがそれにあたる。
12） 宇沢弘文「社会的共通資本とは何か」宇沢・高木前掲書、35〜36頁。
13） 宇沢前掲書、204頁。
14） 田中学「自然環境—自然と人間の共生」宇沢・高木前掲書、99頁。
15） 宇沢前掲書、207〜213頁。
16） 同上書、95頁。
17） 宇沢・高木前掲書、116〜117頁。
18） 同上書、131頁。
19） 宇沢弘文「医療と教育—生命と発達の保障」宇沢・高木前掲書、177頁。

20）　宇沢前掲書、124頁。
21）　宇沢弘文「医療と教育—生命と発達の保障」宇沢・高木前掲書、169〜173頁。
22）　宇沢前掲書、201頁。

## self study
①「市場の暴走」の例を調べてみよう。
②制度派経済学の変遷過程について調べてみよう。

## exercise
①公共財と私有財のあるべき関係について考えてみよう。
②「市場を生かす制度」とはどのようなものか、考えてみよう。

第IV部

# 開発経済学の再構築

# 第8章

# 循環の経済学

## *1* 開発経済学の再生に向けて

　20世紀後半の社会主義体制の崩壊とその後のグローバリゼーションの進展・拡大は、資本主義の勝利として喧伝された。しかし、その後の湾岸戦争、アジア通貨・経済危機、京都議定書による$CO_2$排出規制に見られる環境問題の深刻さ、テロの拡散等は、この間の経済成長至上主義がもたらした負の側面が露呈したということができる。

　それは新古典派経済学が主張するように、市場を中心とする自由競争原理が必ずしも先進国はもちろん、途上国の経済成長に有効に作用するのではない、ということを証明している。特に、グローバリゼーションをめぐる評価と論争は、アカデミズムの世界だけではなく、NGO・市民を中心に、反グローバリゼーション運動として、世界各国で活発な動きを見せるようになっている。1999年11月にアメリカ・シアトルで開催された**WTO閣僚会議**に反対するために集まった約5万人の人々の行動は、ついにWTO閣僚会議を実質的に霧散させてしまうほどのエネルギーを発散させるに至った。[1]

　一方、開発経済学の議論の進展に目を向けると、前述したグローバリゼーションの是非をめぐる議論が活発に展開されている。その多くは、グローバリゼーションの有効性を認め、それをさらに推し進めるべきであるという議論

第8章 循環の経済学

や、野放図な自由化は市場の暴走を引き起こすとの考えから、ある程度の規制あるいはコントロールは必要であるとの主張など様々な議論が展開されている。これらの議論のほとんどは、グローバリゼーションは今後も拡大・進展するとの前提で議論がなされている。

その結果、これらの議論はこの間の開発経済学の最大の問題である成長至上主義の呪縛から逃れることができないでいる。それでは前述した資本主義の負の側面はこれからも様々な形をとりながら、発生するであろう。この考えを払拭できない限り、開発経済学が誕生した時に目指した「人々の幸福と安寧」を追求することはできない。

そこで、本章以降では開発経済学の再生としての平和経済学の構築に向けた議論を展開していきたい。その際、柱となる考え方は、循環、地域自立、持続性である。

第8〜10章では、それぞれの内容に沿って見ていくことにする。

## 2 近代社会システムの幻想

これまで見てきたように、近代の経済発展は量的成長を究極の目標としてきた。その前提は、5つの幻想から成り立っている。第1は、資源は無限であるという幻想であり、第2は、自分たちの生活（環境）は安全・安心であるという幻想であり、第3は、すべての国家は（経済）成長できるという幻想であり、第4はたとえ自由競争社会で競争に巻き込まれても、自らは負け組にならないという幻想である。そして、これらの幻想の行きつく先は、第5の幻想である世の中は永続的に発展するというものである。これらの幻想は、成長至上主義が経済発展の中心におかれた20世紀半ば、特に第2次世界大戦後の近代社会になって大勢を占めるようになり、誰もが信じて疑わずに長い間信奉してきた考え方である。この考え方こそ、今問われているのである。なぜなら、幻想はいつまで経っても幻想であり、それは決して到達することのできないものだからである。

では、近代以前の社会＝**前近代社会**ではどのような考え方、関係が主な考え方、関係だったのか。前近代社会は、**共同体**への束縛が前提の社会であった。すなわち、人々は共同体の中でのみ生活することを余儀なくされた社会であった。言い換えるならば、前近代社会においては、人々は土地に縛りつけられて生活し、そこからの離脱は生死にかかわるものであった。しかし、共同体の中にいる限り、失敗しても共同体が救ってくれるという意味では、安心・安全が保障された社会の中で生活していたのである。要するに、前近代社会における個人は共同体に縛りつけられているという意味においては、不自由な生活を余儀なくされていたが、個人の失敗は決して個人だけが責任を負うのではなく、共同体に住む構成員ならびに、共同体自体が守ってくれるという意味においては、安心して生活することができたのである。逆に、共同体の掟や規律を破ると「村八分」とされ、それは即、共同体からの追放すなわち社会的「死」を意味した。

　これに対し、近代社会は共同体からは解放（自由）され、自らの意思で住居はもちろん、職業、恋愛等あらゆるものを選択することができるようになった。しかし反面、それは実力で自らを守らなければならない、ということを意味する。すなわち、成功も失敗もすべて自らの肩に掛かってくるということだ。これは成功している時は誰もその怖さ、矛盾に気づかないが、現在のように世界的金融危機によって、自らの生活・社会が揺るぎ始めた時、その矛盾・問題に気づくのである。その矛盾・問題とは、近代社会はリスク社会であり、不透明・不安な社会だということだ。そして問題は、人々は知らず知らずのうちに、リスク社会での生活を余儀なく（強要）されている、ということである。

　なぜ**リスク社会**が強要されるのか。それは自由という名のもとに、競争が前提とされているからである。そして、競争する以上、加速してでもリスクを負わないと勝つことができず、また急カーブ（リスクが高まる曲がり角・分岐点）でも減速せず猛スピードでコーナー・インしないと、競争に勝ち抜けなくなってしまっている。筆者はこれを決められた周回コースをいかに早く走れるかを

第**8**章　循環の経済学

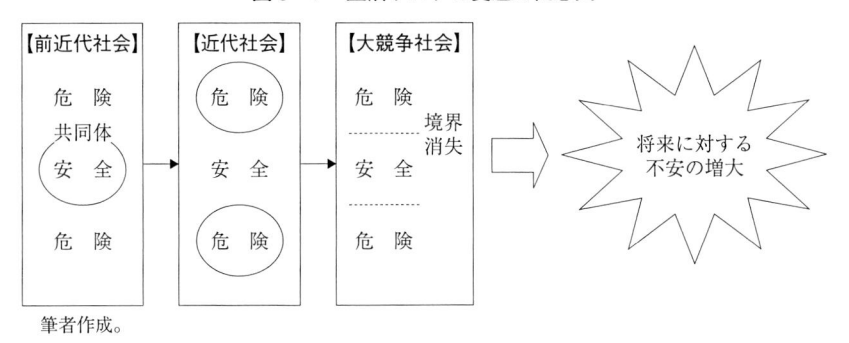

図8-1　生活リスクの変遷の概念図

【前近代社会】危険／共同体・安全／危険　→　【近代社会】危険／安全／危険　→　【大競争社会】危険／境界消失／安全／危険　⇒　将来に対する不安の増大

筆者作成。

競うスポーツに例え、「F1レース社会[2)]」と呼ぶ。さらに、加速してもリスクを避けようとするには、お金がかかる。このお金を稼ぐためにさらに競争社会に深く関わる必要が出てくる。その結果、近代社会においては拝金主義が拡大し、それは格差社会をもたらすことになる。要するに、近代社会は危険と安全の境界線が消失しつつある社会だということだ（図8-1）。

　これらは最終的には、**生の不在**を意味する。本来、生には2つの生すなわち、人間の生と自然の生が共存してこそ、持続可能な社会を形成することができる。しかし、近代社会ではこのいずれもが危うくなりつつある。特に、人間の生が自然の生を脅かしつつあることに注意しなければならない。前近代社会では、人間は自然の一部であることを認識し、自然と調和しながら生産・生活してきた。しかし、近代社会では人間は自然を支配できるものと思い込み、かつまた自然は無限であるとの思い込みから、大量に自然資源を収奪し始めたのである。さらに、前近代社会は、生産者と消費者が市場を通して直接生産物を交換するだけではなく、人間同士の信頼関係を構築することができた。しかし、近代社会における人間関係は、市場を媒介にする構図は代わらないものの、その間＝過程にいくつもの人間・空間が介在することにより、実際の生産物生産者と最終消費者との距離が遠くなってしまい、直接的な人間関係が構築できない構図となっている。その典型的な関係が、現在のインターネットを通した取引であろう。人々はインターネットを通して世界中の人々と取引をする

第Ⅳ部　開発経済学の再構築

図8-2　顔の見える関係から見えない関係へ

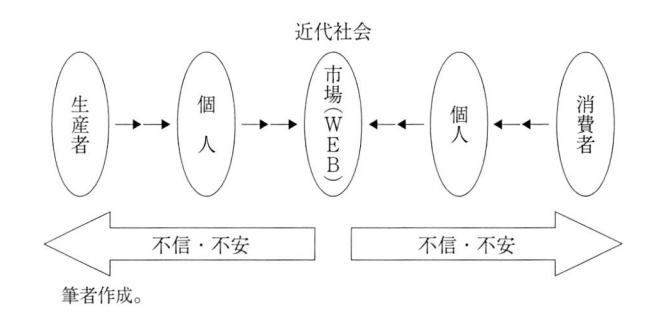

前近代社会

生産者 → 市場 ← 消費者

←―― 相互信頼 ――→

近代社会

生産者 → 個人 → 市場（WEB）← 個人 ← 消費者

←―― 不信・不安　　　不信・不安 ――→

筆者作成。

ことができるようになった代わりに、ネットの向こうに誰がいるのか、自分の取引相手が誰であるかを知ることなく、取引をするようになった。

　その結果、現代人は常に相手に対する不安を抱えながら、信用せよと自らに言い聞かせ、また相手に信用を強要することによって取引を成立させているのである。それは時には、詐欺にあったり、不良品を摑ませられたり、といった様々なリスクと隣り合った人間関係が常態化したことを意味する。信頼から信用への転化（転落）は、人間関係が双方向関係から一方通行関係へと変容したことを意味する。

　すなわち、個人対個人の関係が、外に向かえば向かう（間の仲介者の数が増える）ほど、不信・不安が増大する、ということである。現代人は、不信と不安の中で生活せざるを得なくなっている（図8-2）。

　そしてこれこそが、グローバリゼーションの本質なのである。すなわち、そ

れまでの個と個のつながりが分断され、分断された個そのものをもさらに細分化することにより、他者との関係性を弱めていくのがグローバリゼーションなのである。

## 3 近代社会システムを問う

以上見てきたように、近代社会システムとは人類が長い年月をかけて作り出してきた人間と人間との関係、人間と自然との関係を矮小化させてしまったシステムである。2つの関係性とは、人間と人間の関係（生産／交換関係・様式）と人間と自然との関係（物質代謝／交換）である[3]。人間と人間との関係とは、前近代社会においては情報の対称性が維持された関係であったが、現在では**情報の非対称性**が拡大し、情報を多く所有・取得したものが、多くの機会を得、「勝ち組」として競争社会で生き残ることができることになった。また、人間と自然の関係とは、従来は持続可能な共生関係が維持されており、まさに**エコシステム**が確立された社会であった。しかし、現在は人間が自然を無限に存在し、自由に採取することができると錯覚した結果、取り返しのつかないほど環境が破壊されつつある（図8-3）。その最たる例が、大量生産・大量消費を前提とした近代社会の生産・生活様式である。この生産・生活様式には見落とさ

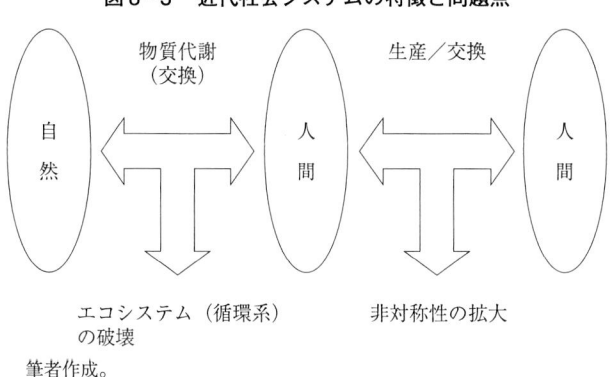

**図8-3 近代社会システムの特徴と問題点**

物質代謝（交換）　　　　生産／交換

自然　⇔　人間　⇔　人間

エコシステム（循環系）の破壊　　　非対称性の拡大

筆者作成。

第Ⅳ部　開発経済学の再構築

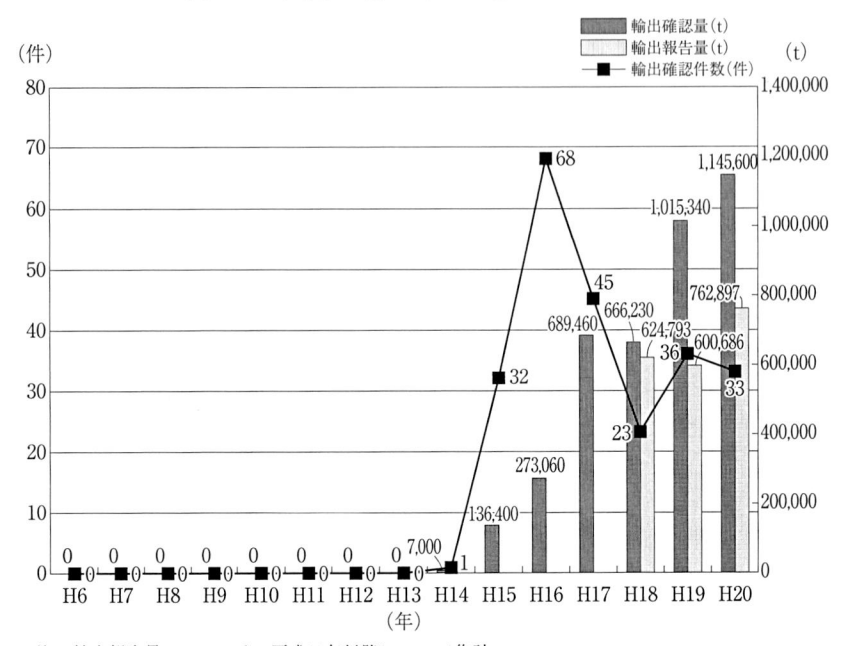

**図8-4　廃棄物の輸出確認及び輸出報告量の推移**

注：輸出報告量については、平成18年以降について集計。
出典：環境省「廃棄物処理法に基づく廃棄物の輸出確認及び輸入許可（平成20年）について」（報道資料）2009年5月28日。

れがちな2つの前提・結果がある。それは大量生産するためには資源を大量に収奪する必要があり、これが環境破壊を推し進めている、ということだ。もう1つは、大量消費はその結果として大量の廃棄物を出すことになる、ということだ。その際重要なことは、資源を大量に収奪される地域も、廃棄物を大量に廃棄され、沈殿させられる地域も、途上国だということだ（図8-4）。この構図は、途上国から収奪された資源が先進国（または先進国企業）によって大量に使用され、それが先進国で大量に消費されるが、そこで排出された廃棄物は途上国へと押しつけられ、決して逆方向には進行しないということだ。特に、グローバリゼーションが進展する社会ではその流れが加速・拡大しつつある（図8-5）。これこそ近代社会システムが作り出した非循環的システムである。こ

第**8**章　循環の経済学

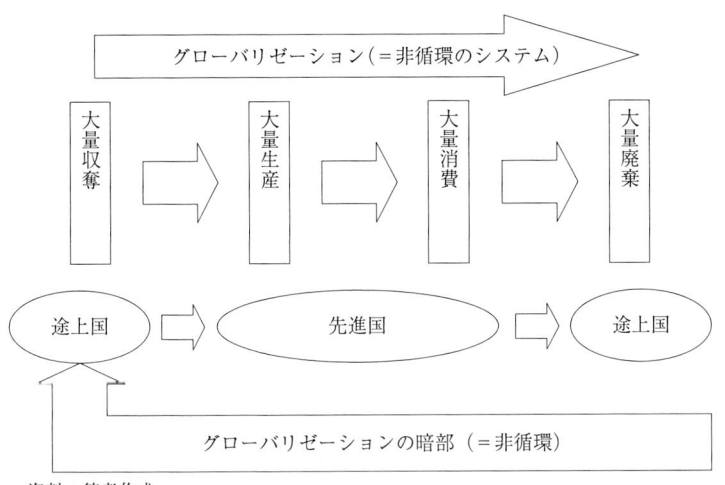

図8-5　近代社会によって作り出された非循環システム

グローバリゼーション（＝非循環のシステム）

大量収奪　⇒　大量生産　⇒　大量消費　⇒　大量廃棄

途上国　⇒　先進国　⇒　途上国

グローバリゼーションの暗部（＝非循環）

資料：筆者作成。

こにももう一つの南北問題が存在する。

　この人間と自然との関係は、大量生産・大量消費により修復不可能な臨界点にまで行きつつある。要するに、現在の環境破壊がこのまま進行したら、もはや人間は自然を支配するどころか、環境破壊によって人間が生存することすら危うくなるということだ。前近代社会においては、自然（資本）は人間が作り出す資本（人工資本）を凌駕していた。それ故に、人間は自然の一部という認識が強かった。しかし、産業革命以降、科学技術が自然を支配できると錯覚した結果、自然を無節操に収奪したため、現在では自然が修復できる再生能力の限界近くまで膨張してしまった。ちょうど、膨張した風船がいつ爆発するか分からない状態が、現在の自然（資本）と人間社会との関係なのである（図8-6）。

　もはや人類は、修復不可能な破壊的臨界点まで突き進んでしまうのだろうか。そうならないためには開発経済学がすべきことはないのか。それに対する筆者なりの答えが平和経済学として開発経済学を再生させることなのである。平和経済学とは、自然や人間が本来有している本来性を実現可能ならしめるよ

第Ⅳ部　開発経済学の再構築

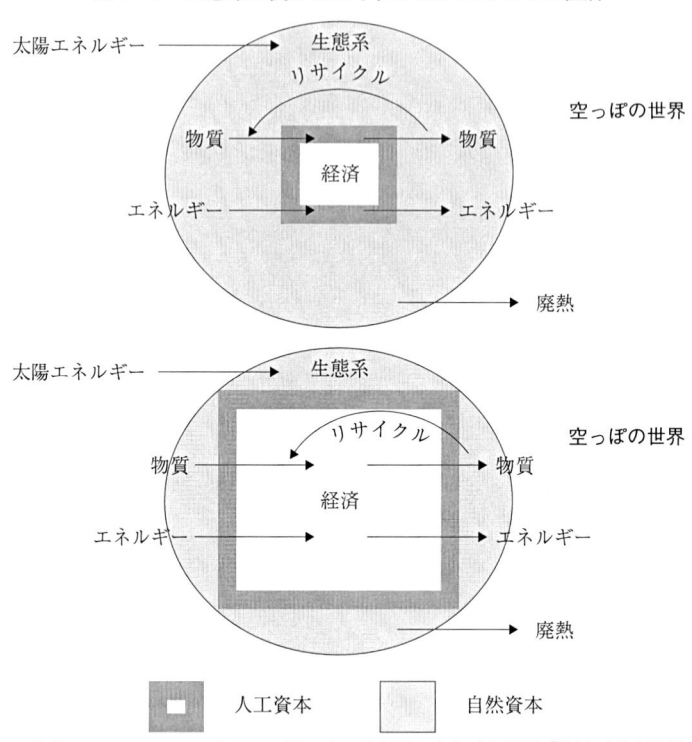

図8-6　生態系の開かれた下位システムとしての経済

出典：ハーマン. E. デイリー、新田功・藏本忍・大森正之共訳『持続可能な発展の経済学』みすず書房、2005年、69頁。

う（potential realizations）回復させ、かつ実現させるための価値体系である。それは、市場原理の整合性だけを追及する経済学ではなく、非市場経済や市場そのものの多様性の併存の可能性を目指す経済学の再構築を意味する。現在のグローバリゼーションのように、**市場の単一化**を目指す市場原理主義は格差・不平等を助長するだけではなく、富める者と貧しき者、持てる者と持たざる者という二極化を深化させるだけである。そこには、共生ではなく対立を、対話ではなく憎悪をもたらすのみである。

　平和経済学とは、従来の価値観を改め人間や自然が本来共生してきた時代の

価値観を現代の生産・生活様式の中に組み替え、再創造しようとするものである。そのために重要なキーワードが、循環、地域自立、持続可能性である。このどれか1つが欠けても平和経済学は成り立たない。

## 4 平和経済学が考える循環

今まで見てきたように、物質循環こそ、生命が永続する基本なのである。そこには、2つの視点がある。1つは、生物の生命活動はすべて様々な循環によって成り立っている、ということであり、もう1つは、近代以前の経済活動も自然（人間を含む）との物質代謝（＝循環）を前提に成立していた、ということである。しかし、近代社会成立以降、循環を無視した経済活動が前提となり、この2つの視点が失われてしまったのである。

平和経済学が考える循環とは、生態系と生活様式、生産活動と消費活動が相互に補完できる関係性のある経済システムを構築することである。それは経済活動によって排出される**エントロピー**が地球上で処理されるように生産様式を改変することである。すなわち、（資源の）大量収奪⇒大量生産⇒大量消費⇒大量廃棄＝エントロピーの増大という不可逆性の増大を改めることである。すなわち、もともと循環していた物質が滞留すれば、それが環境汚染につながり、物質循環の軌道に乗らない物質が大量生産されれば、それも汚染となるように、人間社会の経済活動においても、生産・交換関係が一方通行になると、生産過剰による恐慌が起きたり、格差が拡大するようになる。これこそ人間社会における汚染＝非循環構造といえるであろう。

この非循環構造を変えるのが、循環の経済学である。そのためには、物質循環に着目して持続可能な社会の条件を探る必要がある。[4] 持続可能な経済が意味するところは、「経済循環が物質循環を抑止せず、むしろ活発にする経済」[5]のことである。それを実現するためには市場経済の役割を積極的に活用しながら、その「自由則」を自滅に導かないように、どのような「禁止則」を市場経済に設定するのかという人間社会のルール（社会システム）を追求することが

第Ⅳ部　開発経済学の再構築

**図8-7　循環の経済学の概念図**

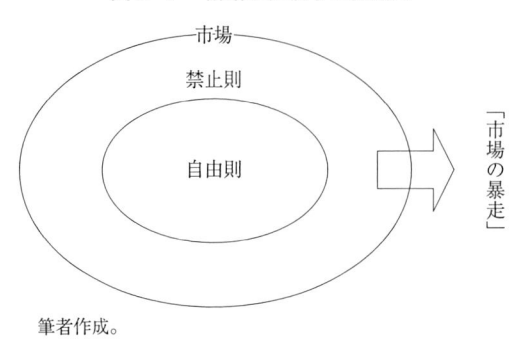

（図中：市場／禁止則／自由則／「市場の暴走」）

筆者作成。

重要である（図8-7）。この点では、社会的共通資本の考え方に近いものがある。ここでのポイントは、決して市場を否定するのではなく、市場を管理・コントロールすることにより、市場の持つ優位性を引き出すことにある。

　では、循環の経済学が考える循環のサイズとはどれくらいなのか。それは各地域が自らの排出した廃棄物を自らの地域で処理できる範囲が最適範囲、すなわち理想的な循環型社会であると考える。なぜなら、地域の住民が、自らが排出した廃棄物の処理がどうなるのかが見えることで、廃棄物に対する責任、ひいては地域に対する責任感が生まれるからである。現在のように、自らが排出した廃棄物がどこでどのように処理されているのか分からない地域・空間では、企業も地域も住民もその廃棄物が目の前から消えた瞬間に処理されたと勘違いしてしまう。今から20年くらい前、首都圏・大都市圏の各自治体が自ら排出した廃棄物を自らの地域で処分できなかったため、地方に持っていって処分していたという出来事があった。これは正に、循環していない経済社会構造が周辺に自らの負の側面を追いやって繁栄するという近代社会の矛盾を示した事例である。

　従って、循環の経済学が考える循環のサイズとは、正にその地域が責任を持って廃棄物が処分できる範囲のことである。地域の住民や自治体が自らが排出した廃棄物を自らで処分しなければならなくなれば、彼らは処分するために必要な施設を準備し、それが不可能であれば廃棄物を減らすための様々な施策をとらざるを得なくなるであろう。すなわち、それが排出物の最適化（処理）へと繋がるのである。それこそが、**循環型社会**の第一歩なのである。

　地球は物質循環が持続している生命系である。一方、人間の社会生活は経済

循環によって支えられている。そして、この間の人類の歴史を見れば分かるように、人間の経済活動は自然の物質循環の中で維持・継続されてきた。その意味で、経済循環は物質循環の一部である。[7] この物質循環も経済循環も重要なのは、循環していた物質が滞留すれば、それは即環境汚染になるということだ。

また、物質循環の軌道に乗らない物質が大量に生産された場合も（それを処理できる許容範囲を超えているので）汚染となる。[8] 要するに循環にとって滞留と許容範囲を超える大量の流出は汚染へと繋がるということだ。これは循環の持つ特性（弱さ）であるので、経済循環にも当てはまる。大量生産・大量消費は正に、許容量を超える物質の流通と処理できないほどの消費＝廃棄はそのまま地球環境の悪化へと結びつく。これは現在の経済活動に問題があることを意味する。こうした環境破壊をもたらす非経済循環を循環させることにより、環境破壊を食い止めなければならない。それこそが、循環の経済学が目指す社会システムである。

一方、この間循環型社会が叫ばれて久しい。日本では、2000年を「循環型社会元年」と位置づけ、循環型社会形成推進基本法が2000年6月2日に公布された。循環型社会形成推進基本法が交付された背景には、日本が直面する以下の諸問題が喫緊の課題となってきたからである。それは第1に廃棄物の発生量の高水準での推移、第2にリサイクルの一層の推進の要請、第3に廃棄物処理施設の立地の困難性、第4に不法投棄の増大である。これらの問題の解決のため、「大量生産・大量消費・大量廃棄」型の経済社会から脱却し、生産から流通、消費、廃棄に至るまで物質の効率的な利用やリサイクルを進めることにより、資源の消費が抑制され、環境への負荷が少ない「循環型社会」を形成することが急務となった、ということである。[9]

## 5 循環型社会

では、日本が考える「循環型社会」とは、どのような社会なのか。それは製品等が廃棄物等となることが抑制され、また製品等が循環資源となった場合に

は、適正に循環的な利用が行われることが促進され、また循環的な利用が行われない循環資源については適正な処分が確保され、それによって天然資源の消費を抑制し、環境への負荷をできる限り低減する社会をいう(「循環型社会形成推進基本法」第2条)。

一方、吉田文和は循環型社会の目的を、「本来、物質やエネルギーの循環やリサイクル自体にあるのではなく、それを通じた人間社会の豊かさ(well-being)の向上にある。ものの生産や所有を通じて人間の生活や生命活動に負の影響をもたらすような生産や循環経済のあり方は、目的と手段を転倒させることになる。循環を通じてできるだけ環境負荷を低下させる、つまり資源採取を減らし**スループット**(throughput、環境通過量)の最小化が図られるべきだ。この意味で、循環による脱物質化(物質をできるだけ使用しない方向)に基づいて、人間生活の向上をもたらす途を探ることが課題」となる、としている。

こうした環境問題に対する危機的認識から、国家・企業・市民すべてを含む新たな環境に優しい社会の構築に向けて、循環型社会を目指そうというのが、日本政府の考え方だ。そのために環境省でも、2001年に初めて『循環型社会白書(以下、白書)』を発刊し、循環型社会構築に向けた様々な取り組みを行なうようになった。以下では、『白書』の議論を中心に日本政府が考える循環型社会とは何かについて見ていくことにする。

『白書』の中で、現在の社会経済の物質循環について次のように指摘している。大量生産・大量消費・大量廃棄型の社会経済活動や生活様式が定着し、人間の活動が飛躍的に拡大した結果、生産、流通、消費、廃棄等の社会経済活動の全段階を通じて、自然の物質循環に対する負荷が高まっている。また、大量の廃棄物が排出される結果として、多くの有用な資源が適切に利用されないまま廃棄され、資源や社会資本ストックという形ではなく環境に負荷を与える物質が国内に蓄積されることにもなる。また、こうした廃棄物を処理するためには、膨大な社会的コストを必要とし、その処理に伴う新たな環境負荷も発生する。天然資源の乏しい日本では、多くの必要な資源を輸入に依存しているため、国外での資源採取に伴う環境への負荷を認識しにくいことも、大量廃棄型

第8章　循環の経済学

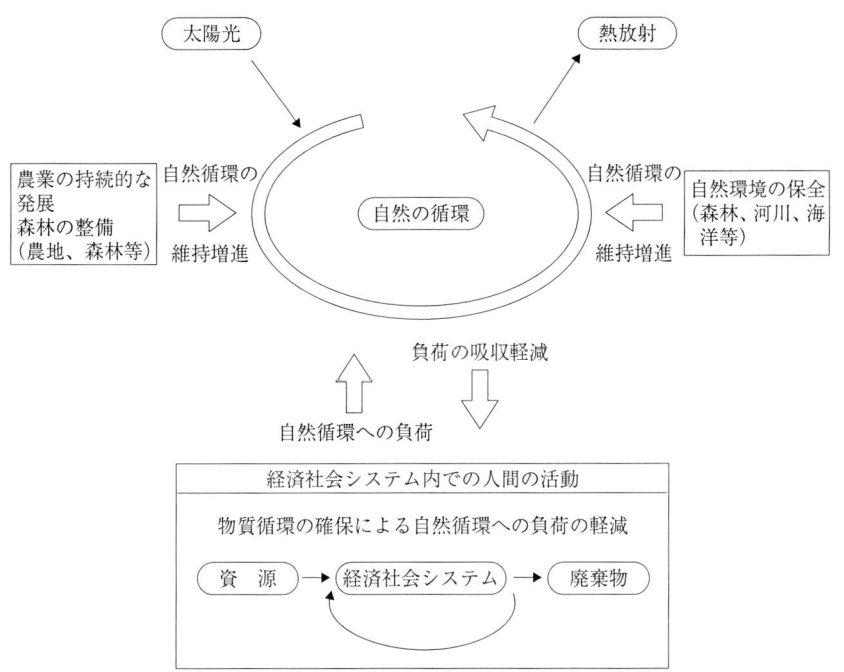

図8-8　2つの循環　自然の循環と経済社会活動における物質循環

```
            太陽光                      熱放射
              ↓                          ↑

農業の持続的な   自然循環の                    自然循環の   自然環境の保全
発展          ⇒            自然の循環        ⇐         （森林、河川、海
森林の整備     維持増進                       維持増進    洋等）
（農地、森林等）

                      負荷の吸収軽減
                    ↑         ⇓
                  自然循環への負荷

              ┌─────────────────────────────┐
              │  経済社会システム内での人間の活動  │
              │ 物質循環の確保による自然循環への負荷の軽減 │
              │  （資源）→（経済社会システム）→（廃棄物） │
              └─────────────────────────────┘
```

出典：環境省『循環型社会白書　平成13年版』2001年、23頁。

社会経済構造を形成してきた一因となっている。

　一方、社会経済活動からの負荷の吸収・軽減という自然の物質循環が有する機能は、社会経済活動の拡大による自然環境の破壊、耕作放棄地や適切な管理がされない森林の増大等、人の手で維持・管理されてきた自然の劣化、農薬や化学肥料の不適切な使用等により、その機能が弱められてきた。その結果、社会経済活動の拡大に伴って生ずる負荷の蓄積が、自然の循環による吸収・軽減作用の限界を超え、公害や自然破壊をはじめとする環境問題を生じさせた（図8-8）。[11]

　この『白書』で指摘した非物質循環構造は、現在の大量生産・大量消費者型社会が自然に負荷をかけるだけではなく、その負荷を取り除くために新たな社

会的負荷が生じるという、二重の負荷がかかってきているということだ。また、自然環境そのものについても、消費社会による資源収奪、経済活動の過程における環境負荷などによって修復不可能な臨界点にまで行きつつある。それを解決するために、物質循環と経済循環を調和させる新たな社会的枠組みが必要になるのである。

言い換えれば、今日の経済社会システムにおける物質循環をめぐる問題は、日本の社会経済活動が壁にぶち当たった、ということを意味する。

一方、日本国内での活動規模の拡大に加え、日本が大量に廃棄物を発生させる経済を維持しようとすると、国際的な経済活動を通じた負荷の増大という問題も生じることになる。このような経済活動は、資源の効率的な利用という観点からも望ましいことではない。また、自然の浄化能力を超えて排出されたものは、いずれは環境に負荷を与えることになると考えられ、この観点からこれまで使用されてきた質・量ともに膨大な有害物質等によるストック汚染の可能性も懸念される。

特に、今日の日本人の生活様式は、多種多様な化学物質によって成り立っており、扱い方によっては人や生態系への悪影響を及ぼすものも少なくない。こうした化学物質が大量生産・大量消費・大量廃棄され、大量に大気中に排出されることになれば、人や生態系への悪影響も将来起こり得るであろう。[12]

## 6 日本政府が考える循環型社会に向けた3つのシナリオ

日本の環境省は循環型社会の実現を1つのものとしては捉えていない。すなわち今後日本社会が取りうる様々なケースを想定していくつかのシナリオを想定している。以下では、『平成14年版 循環型社会白書（以下、『白書14年版』）』の中で想定された、循環型社会に向けた3つのシナリオについて見ていきながら、その意義と問題点について（特に、平和経済学が想定する循環に照らして）検討していくことにする。

(1) シナリオA：技術開発推進型シナリオ

第**8**章　循環の経済学

　シナリオ A では、従来の経済社会と同じく経済成長、生産性の向上を目的とした投資が重視される。これによる生産者側の技術開発が循環型社会への主要な牽引役となる。

　住居には太陽熱温水器などが設置され省エネに配慮した設計をする。食事については、情報通信技術により自宅で商品を注文すると簡易な梱包により自宅まで配送される。このため個々に買い物に行く場合に比べ、移動エネルギー、包装廃棄物が減少する。家庭の有機ごみはディスポーザーなどにより収集され、農地などへ輸送、還元されたり、巨大な発酵タンクでバイオガス化されたりする。交通運輸では、電気・天然ガス・バイオガス・アルコールなど比較的クリーンなエネルギー源が用いられる。また、燃費は車体の軽量化と効率の良いエンジンの開発により、大幅に向上する。

　廃棄物については、全国に分散して排出される産業廃棄物や、家庭やオフィスから分別して排出される均一性の高い廃棄物などを、同一の種類の資源に分別して広域的に収集し、大規模なリサイクル・プラントに供給するなど、規模の効果が追求される。また、鉄道や船舶による廃棄物輸送を中心とした静脈物流が重視される。集められた廃棄物を原料として再利用するマテリアル・リサイクルをするか、あるいは焼却してその熱エネルギーを回収・利用するサーマル・リサイクルをするかについては、コストやエネルギー消費量を踏まえて選択されることになる。このため、高効率のエネルギーを生み出すような高効率ごみ発電施設の開発や廃棄物の高度な選別・分離及び再利用技術といった出口部分（エンド・オブ・パイプ）での対策に重点が置かれる。

　これらの開発された環境技術は、海外へ輸出・移転され、装置産業や静脈産業等の環境関連産業を中心として高い経済成長率へと結びつく。雇用については、競争社会のなかで性別、年齢にかかわらず能力のある人が雇われることになる。また、高い購買力を背景にして、活発な消費活動が行われ、新製品をいちはやく入手することなどに価値観が集まる。また、家庭においては家事の外部化・省力化が進み、これによって得られた余暇時間がレジャーや教育に消費される。

(2) シナリオ B：ライフスタイル変革型シナリオ

シナリオBでは、人々のライフスタイルが環境調和型にシフトしていく社会を想定している。この場合、消費者の側の変化が循環型社会への主要な推進力となる。

住居は自らリフォームをするなどして古い住宅を大事に使用する。食事については、地産地消を基本とし、食材の大部分を地元で作り、各家庭は地元の店を利用するため輸送の機会が減少する。また、食事はそれぞれの家庭で作られるので加工食品は減少するようになる。家庭の有機ごみはそれぞれでたい肥化され、家庭菜園などで自家消費される。また、路面電車などの公共交通機関の整備や自転車専用道の整備による自転車の利便性の向上などが進む。

廃棄物については、大量消費型の社会ではなく、ものを大切にする社会であるため、そもそも廃棄物の発生が抑制される構造になる。また、市民の環境意識が高まり、買い物袋の持参、リターナブル容器の使用、分別回収の徹底など身近な生活の場での取組が徹底されるほか、自治体やNGO・NPOの先導により地域内での物質循環（生ごみのコンポスト化・有機農業への利用促進、天ぷら油のエコディーゼル化など）も活発に進められる。また、事業者も、製品の製造の時には、環境負荷の少ない素材を優先して使用するようになる。

経済成長率は比較的低いが、雇用については、様々な立場の人の社会参加を促すため、ワークシェアリングが実施される。その結果、就業者１人当たりの労働時間は短縮され、これによって生じた余暇は家庭や地域コミュニティにおける様々な活動に費やされる。地域においては余暇を活用して、地域通貨（一定の地域に限って使用可能な通貨）による経済活動が活発化し、環境・福祉面での充実化が進む。また、モノを大事に使う、もったいないという気持ちが人々の住宅、家具、家電製品、自動車などに対する買い換えのサイクルを長期化させるため、消費財の購入量は減少する。他方、長寿命であったり修理が容易な良質の製品については、購入時は高コストでも長期的には得になると考え、このような製品の購入が増加する。家具や道具を自ら手入れしながら長年にわたって使いこなし、磨き上げていくことが尊ばれ、このような活動をサポートす

るDIY（Do It Yourself）ショップも盛んになる。

(3) シナリオC：環境産業発展型シナリオ

シナリオCでは、ITや環境分野での技術革新、ものの提供から機能の提供へといったビジネススタイルの変革等により、脱物質化経済が進展する。このような経済構造の改革により、循環型社会が導かれる。

所有する家財品が少なく、空間を広く使えるシンプルな住居、社員が固有の机を持たないフレキシブルなオフィスや在宅勤務の普及などにより家とオフィスの床面積が減少する。食事については、普段はそれぞれの家庭で作るが、一方で外食や中食（市販の弁当や惣菜など持ち帰りや宅配される食事）なども行われる。家庭の有機ごみは、都市部などの人口密集地域では、収集され、発酵タンクでバイオガス化され、地方ではたい肥化が進められる。また、ITの発達により在宅勤務やサテライト・スクール（衛星通信による教育）、インターネット・ショッピングなどの普及率が高く、交通運輸に対する需要が減少する。移動する場合でも、カーシェアリングや大型車から小型車へのダウンサイジングなどが進み、環境への負荷が大幅に低減される。

廃棄物については、ものを所有するのではなく機能を求める社会であるため、そもそも廃棄物の発生が抑制される構造になっている。市民の環境意識は特に高くはないが、所有や新品に対する欲求が希薄なため、リースやレンタル、リサイクルショップ、フリーマーケットなどを活発に利用するようになる。

また、出口より、入口での対応が重視される。廃棄物を利用した素材による製品の開発や、電子媒体による取引の増加、商品を作って売る会社からサービスを提供する会社への転換が進む。

投資は環境保全を目的とするものが優先され、環境関連産業が伸長する。経済構造の核に環境保全を据える形で経済の発展も重視されるため、比較的高い経済成長率が達成される。雇用は、環境関連産業やサービス産業において増加し、女性・高齢者の雇用が現状より進む。このような経済成長に応じて現状の消費活動が行われるが、個々の消費者のニーズに応える消費、余暇や教育・福

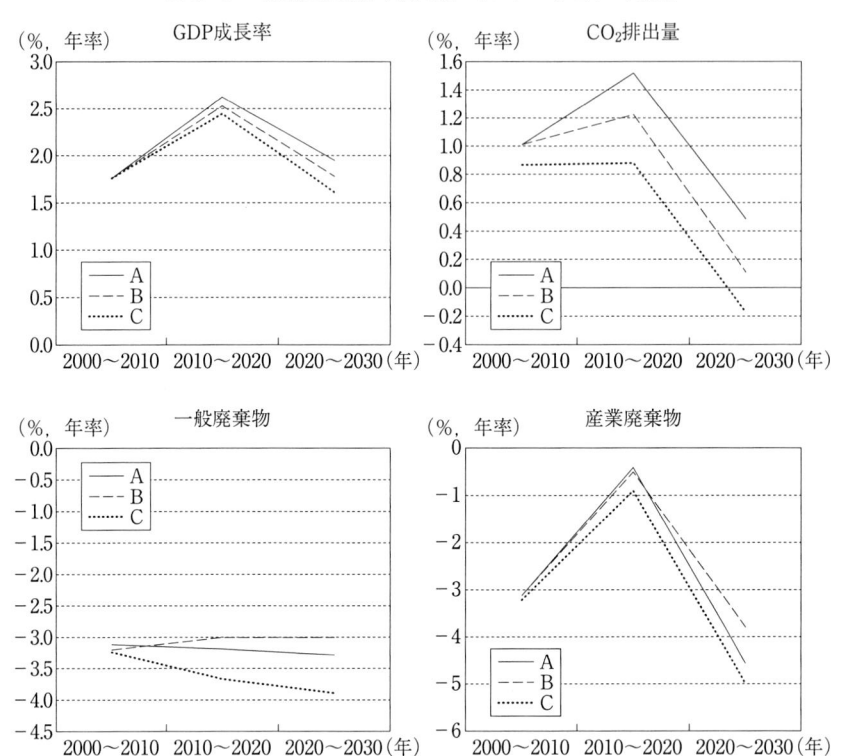

## 図8-9 循環型社会に向けたシミュレーションの結果

|  | 2000～2010年 ||| 2010～2020年 ||| 2020～2030年 |||
|---|---|---|---|---|---|---|---|---|---|
|  | A | B | C | A | B | C | A | B | C |
| GDP成長率 (％、年率) | 1.80 | 1.78 | 1.79 | 2.63 | 2.47 | 2.55 | 1.97 | 1.62 | 1.79 |
| $CO_2$排出量 (％、年率) | 1.02 | 0.87 | 0.99 | 1.51 | 0.88 | 1.22 | 0.48 | -0.19 | 0.11 |
| 廃棄物最終処分量(％、年率) |  |  |  |  |  |  |  |  |  |
| ・一般廃棄物 | -3.10 | -3.21 | -3.26 | -3.20 | -3.01 | -3.70 | -3.31 | -3.03 | -3.91 |
| ・産業廃棄物 | -3.18 | -3.15 | -3.23 | -0.42 | -0.53 | -0.95 | -4.65 | -3.92 | -5.10 |

（資料）国立環境研究所 AIM 試算
出典：環境省『循環型社会白書 平成14年版』2002年、37頁。

祉等のサービス消費が増加する。

　では、これらの3つのシナリオでは、それぞれ環境と経済にどのような影響を及ぼすのか。『白書14年版』では、国立環境研究所と京都大学で開発した経済モデル（AIM/Material モデル）を用いてシミュレーションしている。それに

よると、

① シナリオ A の場合は、他のシナリオより経済成長がすべての時期で上回るが、$CO_2$排出量も0.48～1.51％へと増加する。このため、すべてのシナリオの中で温暖化対策の強化が最も必要となる。一方、廃棄物の最終処分量は当初は他のシナリオに比べ、特に一般廃棄物では減少が進まないが、廃棄物処理対策への投資や技術進歩により一般廃棄物については2010年から、産業廃棄物については2020年からシナリオ B より減少する。

② シナリオ B の場合は、他のシナリオより経済成長がすべての時期で下回るが、$CO_2$排出量はすべてのシナリオの中で最も大幅に低減する。また、廃棄物の最終処分量は一般廃棄物についてはライフスタイルの変化によって、ある程度減少するが、産業廃棄物については技術進歩が遅いため2020～2030年には3.92％減で減少率が他のシナリオより下回る。

③ シナリオ C の場合は、経済成長と$CO_2$排出量は他のシナリオの中間となる。一方、廃棄物の最終処分量は経済活動の脱物質化が進むことによって、一般廃棄物で3.26～3.91％減少し、産業廃棄物で0.95～5.10％減とすべてのシナリオの中で最も大幅に低減する（図8-9[13]）。

さて、3つのシナリオから何が見えてくるのか。まずこのシナリオの中で、循環型社会が維持するための3つの要素として、経済成長、$CO_2$排出量、廃棄物削減があげられている。しかし、どのシナリオもこの3つの要素すべてが一様に改善されることはできず、いずれか1つは我慢（非改善の許容）を強いられることになる。その結果、シナリオ C が最も現実的かつ理想的であると示唆している。なぜなら、経済成長もある程度維持しながら、$CO_2$の排出量も中位で減少する一方、廃棄物は最も減少するからである。

しかし、いずれのシナリオも現在の産業構造・社会構造を前提としたうえで議論しているところに問題がある。言い換えるならば、現在の環境破壊を含め、多くの問題をもたらした成長至上主義＝開発主義からの脱却が目指されていない、ということだ。

第Ⅳ部　開発経済学の再構築

## 7　平和経済学が考える循環

　従って、平和経済学が考える循環の経済学とは、自然と人間との調和、人間と人間との信頼関係回復、人間と社会との協調をその根本におきながら、人間中心による自然を収奪の対象として、自分の地域（社会）さえ繁栄すれば、他の地域（社会）は衰退しても他人事としか捉えないような社会関係・経済構造からの脱却を目指すものでなければならない。そのために、グローバリゼーションにより助長された非対称性を対称化された関係へと組み替えていかなければならない。具体的には、住民自身が見渡せ、責任を持って循環させられるローカル、そのローカル同士が有機的に結びついたリージョンを活性化させることにより、そこに生活基盤・経済基盤をおく住民・企業・社会が主体であるとの自覚と責任が実感できる物質循環と経済循環を再構成していかなければならない。それは言い換えれば、目に見える関係の構築であり、経済中心から生命系を中心とした経済構造への転換である。それを、媒介し円滑にする役割を果たすのが循環なのである。しかし、それは市場そのものを否定するものではない。貨幣の交換を媒介にして物質を循環させる市場の役割を積極的に活用しながら、その自由則の「よさ」を壊さないように、どのような禁止則を市場に設定するのか、という新たな人間社会のシステムやルールを作ることが重要なのである。

　人間社会に都合のよいように機能させることが循環ではないのである。

〈注〉
1）「朝日新聞」1999年11月26日付。
2）F1は、選ばれた一部のプロ選手でも危険と隣り合わせのスポーツ競技であるにもかかわらず、今日の「F1レース社会」は素人も含めた誰もが、その社会に飛び込むことを余儀なくされた大競争・大リスク社会なのである。
3）この関係はどちらが優位というわけではない。しかし、強いて言えば人間も自然の一部であるので、自然の重要性を認識すべきである。それにもかかわらず、現実には人間は、自然は無限であり、自由に採取することができると錯覚してき

第**8**章　循環の経済学

た。
4）　室田武・多辺田政弘・槌田敦編著『循環の経済学―持続可能な社会の条件』学陽書房、1995年、ⅰ頁。
5）　室田武「エントロピーと循環の経済学」同上書、4頁。
6）　日本海に面する敦賀市は、1987年秋に福井県知事が産廃処分場として許可、一般廃棄物処分場としても届け出た。北陸自動車道のインターに近く、雑誌に紹介されたことなどもあって首都圏、関西の市町村、衛生組合が処分しきれない家庭ごみの焼却灰や不燃物を続々運び込んだ。1989年は38自治体から約8万6000トン、1990年度は36自治体から搬入され、累計では10数万トンにのぼった。「朝日新聞」1991年4月21日付。
7）　室田他前掲書、1〜3頁。
8）　室田他前掲書、25頁。
9）　環境省、http://www.env.go.jp/recycle/circul/recycle.html
10）　吉田文和『循環型社会―持続可能な未来への経済学』中公新書、2004年、3〜4頁。
11）　環境省編『平成13年版　循環型社会白書』2001年、23〜24頁。
12）　同上書、24頁。
13）　環境省編『平成14年版　循環型社会白書』2002年、34〜38頁。

### self study
①循環（自然循環、物質循環、経済循環等）とは何か、について調べてみよう。
②日本が循環型社会をめざすようになった背景について調べてみよう。
### exercise
①循環型社会に必要な要素はなんか、についてまとめてみよう。
②日本の循環型システムが崩壊してしまった理由について考えてみよう。

# 第9章

# 地域自立の経済学

## *1* 地域自立の前提としての生命系

　我々は、地域自立というとある地域が他の地域からの関係を完全に排除して独立した経済社会活動を行なう、と錯覚しがちである。しかし、人間は社会的関係性の中でのみ生存することができる生命体である。従って、地域自立とは他の地域からの隔離を意味するものではない。人間と人間との様々な関係の集合体としての地域を考える場合、まずはその前提となる生命系について考察する必要がある。

　日本において経済学を地域自立という概念から体系的に説き明かした人物に中村尚司がいる。彼は、「地域自立の経済学は、生活の本拠から出発し、新しい経済学を構築する試みに他ならない」[1]として、生命系の経済学として再構築しようとした。

　以下では、中村の『地域自立の経済学』を手掛かりに、なぜ地域自立を考えていくのに、生命系（の経済学）を考えなければならないのか、について見ていくことにする。

　中村は、今までの経済学は「経済活動を担っていく生命系への理論的関心が欠けていたり、生活の本拠である地域を理論的に扱う方法がない」[2]として、地域自立の経済学こそ、その欠如を埋める作業であると主張した。

## 第9章　地域自立の経済学

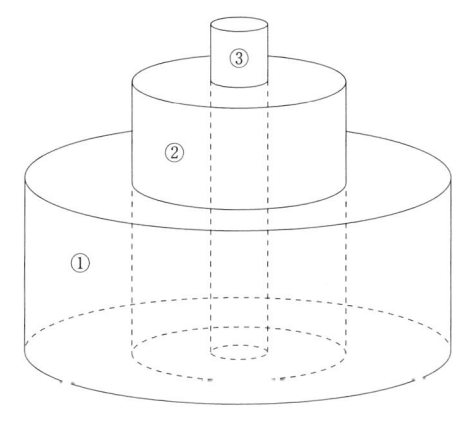

### 図9-1　生命系の三重構造

① 開放定常系の流れ
　　自律的かつ永続的な非平衡過程
　　水サイクル、地球、太陽系も生きている
② 増殖による種の保存（世代交替）
　　多様性と個別性の基礎
　　遺伝機構による自己複製（生物体）
③ 共同主体的な社会関係
　　身体外の事象の対象化と継承
　　火の使用＝言語＝意識の発生（人間）
＊三重構造をもたぬ生命の例
　　①のみ　　水サイクル
　　②のみ　　アルコール発酵中の酵母
　　③のみ　　マルクス思想、ガンディ思想
　　①＋②　　海中の生態系
　　①＋③　　天国、スワルガ、地獄
　　②＋③　　宇宙船の生命活動
　　　　　　　モークシャ、ニルバーナ

出典：中村尚司『地域自立の経済学』日本評論社、1993年、21頁。

　では中村が考える生命系とは何か。それは3重構造（3重の入れ子構造）によって成り立っている。要するに、個々の生命系は自己完結しているわけではなく、異なった原理を持つ他の生命系（この場合は3つの構造）と相互に関係することによって成り立っているということである。その際、人間生活にとって最も重要な系が、水サイクルの**定常開放**系[3]である。なぜなら水サイクルが存在することにより、水蒸気から低温放熱により、大気圏内に生成した余分なエントロピーを宇宙空間に捨てることができ、それにより地球は定温状態を維持することができるからである。また水サイクルの定常開放系は、自動的かつ半永久的に持続する非平衡過程でもある。そして、これらの定常開放系を維持させているのが循環なのである。従って、生命系を考える際に重要な要素の1つは循環性ということになる（図9-1）。

　さて、水循環のような定常開放系を、3重構造の基礎においた場合、その上あるいは内側に位置する入れ子の生命系は、生物学が対象にする増殖が行われる定常開放系である。ここでは、増殖による種の保存、すなわち世代交替が行

なわれる。しかし、1つの定常開放系が、それ自体として自立することはできず、より大きな定常開放系と入れ子構造の関係を維持することになる。すなわち、ある定常開放系の循環は、すべてのエントロピーを捨てることができない。従って、エントロピーの増大＝循環の停止はその系の死を意味する。しかし、この系の死＝エントロピーの増大は新たな系の更新を生み出す。この更新された系こそ、増殖された生物体の出発点であり、新たな系の誕生であり、以前の系とは異なるという意味で、多様性を有する系である。

しかし、生命系はこの循環性と多様性だけでは不十分である。なぜなら本来の生命活動は、定常開放系とも増殖する生物系とも異なった構造を持つからである。それは2つの系を基礎にしながら、生命過程を社会関係の中で当事者が相互に認知できる生命である。それは入れ子構造の③のところに共同主体的な社会関係と名づける生命である。いままでの生命系と共同主体的社会関係が必要とされる理由は、生命活動の複雑さにある。すなわち、生命活動が複雑になってくると、身体内の専門的組織にとどまらず、身体外の自然をも都合良く加工しようとする。その際、火の使用により生命活動が拡大し、非生命的な媒介物が増えることができる。すなわち、社会関係が形成されることになる、と中村は指摘する。[4]

以上、多少複雑な説明ではあるが、地球上の生命活動がより単純な構造から複雑な構造へと昇華していく理由と、3つのレベルでの生命活動が入れ子構造で共存する根拠を明らかにしてきた。

そして、この3重構造を持つ生命活動を前提にして、社会科学の研究も人間の特権的な位置を確認しながら推し進められなければならない。なぜなら、生命というものを3重の構造で考えることにより、全体を統一的に理解する道が開けるからである。そして、それこそ自然と社会の諸科学に分断されている学問をより有機的につなげることができるのである。これは、地域自立を考える際にも同様である。というのは、地域を生活の本拠として把握するからには、生命系の維持と再生産から出発するほかないからである。

従って、生命系の特質である循環性、多様性、関係性は、広い意味での地域

を構成する基本的な概念でもある。経済活動からの自立を目指すとなれば、地域の生活を支えるのは、どのような循環性、多様性、関係性なのか、を具体的に検討しなければならないからである。そのことを通じて、地域の意味が明らかになってくるのである。言い換えるならば、循環が停滞していないか、多様な活動が解体されていないか、社会関係が希薄になっていないか、これらを検討することが地域自立の可能性を明らかにすることに繋がるのである[5]。

以上、地域自立を考える（前提となる）際の、生命系の構造についてみてきた。次では、自立とは何か。特に経済過程からの自立とは何か、についてみていくことにする。

## 2　自立と経済過程

経済的な自立を目指す人々の目標には次の3通りの意味が込められている。第1に、自給自足としての自立。第2に、資源や生産物の配分に関する**自己決定権**としての自立。第3に、経済過程が支配的な社会システムからの自立である。自給自足としての自立とは、経済活動のすべての過程、すなわち生産から消費・廃棄にいたるまでに必要な財貨やサービスをすべて、系外の他者に依存しないという意味での自立である[6]。しかし、前述したように、このような自立は近代社会ではあり得ない。

また、現在のグローバリゼーションが支配する経済社会では、比較優位の有無が大きく左右する。その典型的な例が日本の**食糧自給率**40％である。人間が生きていく上で最低限かつ最も重要な食糧の確保が、40％で国家として成り立っているというのは異常な数字である。言い換えればグローバリゼーションのもと、食糧を諸外国に依存することが可能だから、成り立っているということだ。しかし、翻って考えてみると、自らが生きていくための食糧を他人（諸外国）に依存している国（社会）は決して自立した国（社会）とは言えない。確かに、現在は相互依存社会なので、比較優位が高いものを生産・輸出し、低いものを購入・輸入するのは、当たり前という考え方がある。これは一方で正しい

が、他方で大きな問題を抱えている。すなわち、比較優位で輸出入すべき商品と、自国で生産を堅持すべきものが、必ずしもきれいに棲み分けされているわけではないということだ。

　第2の資源や生産物の配分に関する自己決定権としての自立とは、社会的な関係が対象となる。例えば、家族を経済主体として見れば、子供の親からの自立、妻の夫からの自立などが目標となる。しかし、自立の程度を高めようとすれば、経済主体は分裂せざるを得ない。家計や企業内における個々のメンバーによる自己決定権の拡大は、商家の「のれん分け」のように、経済単位の分裂に向かう。他方、個々の経済主体が相互に共存しようとすれば、自己決定権を抑制せざるを得なくなる。特定の主体がシェアを拡大し、その分野における経済活動の独占を目指すと、他の主体の従属化を引き起こしてしまう[7]。

　第3に、経済過程が支配的な社会システムからの自立であるが、これが最も重要な自立概念である。経済活動の進展は避けることはできないが、生活条件の格差や環境破壊を作り出してしまう。この格差や破壊を完全にゼロにすることはできない。これは言い換えれば、できるだけ縮小して生命＝生活過程を強化したい、という意味での自立である。財貨やサービスの配分から遠ざかる分野になればなるほど、人々の非経済的な活動の自立は、時代を追って困難になりつつある。言い換えれば、非経済的な人間生活の優位性は、市場や計画を基準とする経済的な活動によって解体されてきた。そして、優越的な経済主体によって画一化され、生命過程の自立性が奪われている。人格に代わって、市場経済では価格が支配するようになる[8]。

　この傾向はグローバリゼーションが進展している経済ではますます加速することとなり、単一（一元）化された市場と価値観が他の非市場的経済要素と価値観を包摂しながら、他者を排除することになる。これにより格差や環境破壊が助長されることになる。従って、経済的自立とは、自らの意志により、生産・分配・交換を決定できる社会の構築を目指すということである。

第**9**章　地域自立の経済学

## *3* 地域とは何か

　地域とは単にそこに住んでいたり、経済活動を営む空間だけのことではない。それは2つの要素を充足して初めて地域としての実態をなす。その結果、住民・企業・社会・自然を主体として位置づけることができるのである。具体的には、第1に、生活過程・生命過程が循環性を有していること、第2に多様性・関係性が共存・存続していることである[9]。生活過程・生命過程が循環性を有しているということは、地域に根ざした住民・市民が主体となって自らの生活・生命活動を決定し、行動できるシステムを形成するということだ。また、多様性・関係性が共存・存続しているということは、多様な価値観を持った人々との関係や、人間と自然、人間と社会との関係を尊重することを意味する。これは、今後日本がグローバリゼーションの中で、世界中から多くの価値観・生活習慣を持った人々を受け入れ、その人達との共存・共生が日本社会の発展にとって必要となるということをも意味する（図9-2）。

　従って、「生活の本拠」としての中心的概念・実態が地域なのである。そして、それを中核にして、一定限度の自給自足を可能にする地域産業の領域、全参加者の自主管理的な経済活動が及ぶ範囲、地場産業の生産物が取引される遠隔地市場、非経済活動をも取り込む広域のネットワークの形成など、多様な形態から構成される[10]。

**図9-2　地域を形成する3要素**

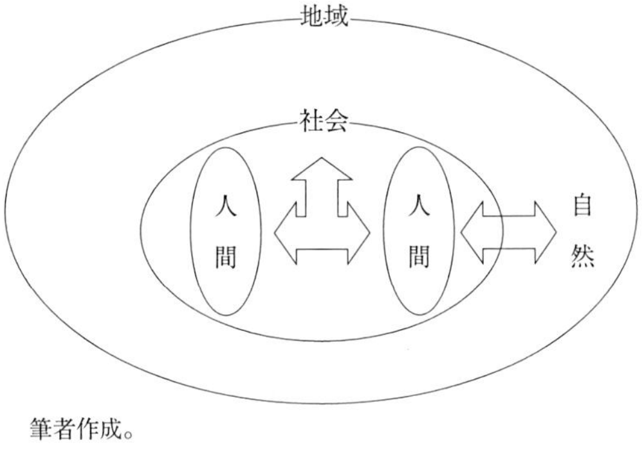

（筆者作成。）

## 4 地域自立とは何か

　内発的地域主義という考え方を提唱した玉野井芳郎は、地域自立を次のように定義した。「一定地域の住民＝生活者がその風土的個性を背景に、その地域の共同体に対して一体感を持ち、経済的自立性を踏まえて、自らの政治的、行政的自律性と文化的自律性を追求すること」[11]である。また、経済的自立とは、閉鎖的な経済自給ではなく、インプットの自給性、市場化しにくい土地と労働について地域単位での自立性を確保し、その限りでの市場の制御を考えることである[12]。

　地域自立が含意するものは、所有よりも利用、労働よりも活動、信用よりも信頼が優越する仕組みが機能する社会のことである。所有より利用とは、本来誰のものでもない地域資源をある特定の個人が独占的に所有し、他の住民がそれを商品として購入しなければならないような貨幣を媒介とした関係ではなく、入会地、入会林のようにそこに住む住民が共同で管理し、必要な分だけ利用する関係を指す。これは、地域の資源をそこの構成員全員が管理・運用することにより、地域としての自立性を担保しようということである。

　また、労働より活動とは、自らの「働く」能力を賃金の対価として、労働力として売買するのではなく、地域の自立・活性化のために生かすということである。例えば、高齢者のケアに対するボランティア、地域の環境美化を保全するための自発的行為等、これらは決してその対価として賃金を獲得することを目的とするのではなく、その地域に住む高齢者に対するいたわりであったり、地域の環境を維持するための自発的営みであったりする。これらの行為を通し地域の構成員同士の連帯感・一体感が生まれ、共に地域を活性化・自立させていこうとする目標が共有できるのである。

　さらに、信用より信頼が優越するしくみとは、現在の市場経済に見られるような貨幣を通しての人間関係では、相手を信用するのではなく貨幣のみを信用するのであり、それは一方通行的関係にしかすぎない。その結果、それはいつ

裏切られるとも限らない関係となる。しかし、信頼とは第8章でも指摘したように、双方が相手を信じあう関係であり、そこには顔の見える関係が存在するのである。それは地域に本拠をおくことによって可能となる関係でもある。

すなわち、これら3つの関係の再構築は、従来の生産様式の根底にある考え方を見つめ直す（とらえ直す）過程のことである。これこそ、市場原理主義からの脱却であり、新たな経済社会関係構築の第一歩となるのである。しかし、これは決して市場の否定ではなく、発想（システム）の転換である。現在の市場が持つ、負の側面を最大限払拭し、正の側面を極大化することを意味する。従って、地域自立が目指すものは、第1に関係性の見直しであり、第2にコミュニティの再生・活性化であり、第3に生産・生活様式の転換である。これこそ中村がいう循環性、持続性、関係性の保障ということであろう。

## 5 地域自立を目指す営み

1990年代に入って、グローバリゼーションが大手を振るうようになって以降、地域は解体が加速し、市場は世界規模で画一化し始めていった。それは一方で多くのビジネスチャンスを生み出し、多くの富者を一夜にして生み出したが、他方で、1日1ドル以下で生活するいわゆる**絶対的貧困層**をも大量に生み出していった。

こうしたグローバリゼーションの負の側面を解決・克服する新たな営みとして、地域に根ざした活動も活発化してきた。それが地元学であり、地域学である。

地元学とは、「郷土史のようにただ調べて知るだけでなく、地元の人が主体となって、地元を客観的に、地域外の人の視点や助言を得ながら、地元のことを知り、地域の個性を自覚することを第一歩に、外から押し寄せる変化を受け止め内から地域の個性に照らし合わせ、自問自答しながら地域独自の生活（文化）を日常的に創りあげていく知的創造行為である」[13]（図9-3）。

地元学が提唱された背景には、第2次世界大戦後、荒廃した焼け野原から復

第Ⅳ部　開発経済学の再構築

**図9-3　地元学の考え方**

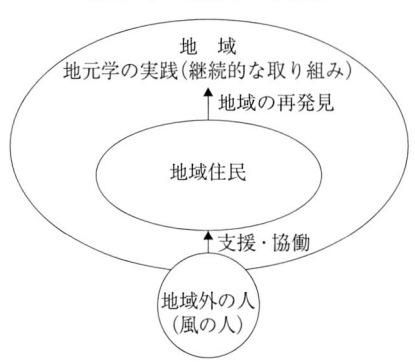

地　域
地元学の実践（継続的な取り組み）
↑地域の再発見
地域住民
↑支援・協働
地域外の人
（風の人）

出典：岩手地元学：http://www.aiina.jp/environment/digieco/kankyou_jimoto/jimoto/index.html

興し、先進国に追いつくためにひたすら工業化こそ経済発展の目標であるとして、量的成長を求めた結果、環境破壊、地域格差、農工間の不均衡発展など様々なひずみが生じ、それを解決するための1つとして地域おこし、村おこしが日本政府から提唱された。一村一品運動などがその典型である。しかし、周知のように政府が提唱した地域おこし、村おこしは多くの地域で失敗に終わった。その理由は、いくつかあろうが、最大の要因はその地域に根ざさない商品開発や他者を模倣した製品作りにあったからである。言い換えるなら、その地域の歴史、伝統、習慣、資源などを全く無視し、新たな物を注入しようとしても、根づかないのである。要するに、地域の生活、地域文化を日常的に創造していく視座を持たない地域作りであったり、村おこしなるものには画一的で魅力のない、どこにでもあるものになってしまうということだ。[14]

**図9-4　岩手地元学の流れ**

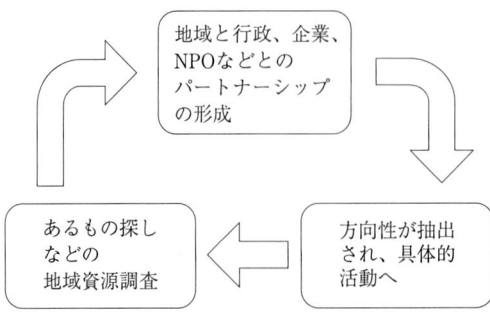

地域と行政、企業、NPOなどとのパートナーシップの形成
→ 方向性が抽出され、具体的活動へ
← あるもの探しなどの地域資源調査
↑

出典：岩手地元学：http://www.aiina.jp/environment/digieco/kankyou_jimoto/jimoto/index.html

従って、地元学の目指すものは、同じ地域を生きる人々ともう一度、関係性を再構築するために、それぞれの地元の資源とそれを生かす知恵と技術と哲学を学ぶこと。そしてその力を合流させ自分たちの生きやすい場所に整え直すことなのである。

## 6　地元学の出発点

　地元学を考える際、先ず考えなければならない点は、地元とは何を指すのか、ということである。筆者は第8章で循環のサイズとして自分たちの廃棄物を処理できる範囲と述べた。これに対し、地元学の提唱者である吉本哲郎は、生活圏域だとする。その単位は、風土や歴史、生活領域を1つにする自治会、町内会、地域共同体などのコミュニティであり、少し大きくすると小中学校区となり、また、市町村という行政区域となる。地元とはこの範囲を指すというのである。[15]

　地元学は水俣病問題で苦しんだ水俣が、住民協働で環境に特化して行動し元気を取り戻した中から生まれた。1991年、熊本県と水俣市はそれまでの政策を転換し、水俣病の犠牲を無駄にしないよう、水、ごみ、食べ物にどこよりも気をつける環境都市水俣づくりを住民協働で始めていった。そのために、水俣病犠牲者慰霊式の開催や、水俣病を語る市民講座（今は語り部）の開催、住民参加による資源ごみの分別とごみ減量などが展開された。そして、2000年2月には、環境省と経済産業省によるエコタウンの認定を受け、循環型経営を行なうビンや家電のリサイクル工場など7社が立地し、120名の人たちが働くようになった。

　政策転換から10年後、「環境創造みなまた推進事業」と呼ばれた取り組みは実を結び、水俣は環境都市に生まれ変わり、市民は胸を張って水俣出身といえるようになってきた。その取り組みは国内外の注目を集め、多くの視察者が水俣を訪れてくるようになり、市民は誇りを取り戻した。この動きはその後、岩手県陸前高田市や、三重県で「三重ふるさと学」となって全国に広がっていった[16]。こうして現在では、全国至る所で、地元を見直す動きが起こっている。

　このように、地元を再認識し、地域のあり方を見つけていくための1つの手法が地元学なのである。

　ここで地元学の具体的事例についていくつか紹介し、見ていくことにした

い。1996年「横田地域農村景観を考える会」を発足させた陸前高田市の岩手地元学の基本的考え方は以下の通りである。

①地元に住んでいる人が主体的に行なう実践であること。
②学問（民俗学等）や物知り学ではなく、地域が今までやっていたこと、地域のありようを再発見する営みであること。
③地域住民だけでなく、地域外の人、いわゆる「風の人」の視点や助言を得ながら、地元を客観的に認識すること。
④地域における持続的で地道な取り組みであること。
⑤地域の人々のつながりを取り戻す取り組みであること。

また、地元学の取り組みとは、

①地域住民が何らかのきっかけで、「地域資源調査」、「集落点検」、「あるもの探し」など地元学的な取り組みを始めること。
②地元学の取り組みが市町村などの行政や企業との協働、さらには、地域NPOの結成などに結びつき、パートナーシップが形成されていくこと。
③それらの過程で、地域住民を巻き込みながら、地域づくりが多方面の分野に広がり、自立した、個性豊かな地域の構築に向けた取り組みが継続的に行なわれていくこと。
④これらの取り組みが継続して行なわれていくこと（図9-4）[17]。

こうしたその地域にかかわる、住民、行政、事業者（企業）、（域外の）専門家によって、今まで見落とされがちであった地域の「宝」を再発見することにより、その地域に根差した「宝」が再発見されるのである。

## 7　地域学による新たな取組み

地元学と並んで同じような考え方・活動に地域学がある。地域学とは、自分の住む地域の歴史や文化、産業、自然などを見つめ直し、地域の魅力や可能性を発掘しようとするものである。現在、全国各地で実施されている地域学の実施主体は、県や市町村などの行政、大学等の高等教育機関、NPOなどの市民

## 第9章 地域自立の経済学

団体ときわめて多様である。また、それぞれの地域学は独自の目的や方法を持ち活発に活動を展開している。[18]

特に、1990年代半ば以降、地域の自立化の要請や地方分権の進展、市町村合併、住民自治領域の拡大とともに、個性化を目指した自らの地域づくりの中に地域学を取り入れ、活用していこうとする動きが顕著となっている。近年では、さらなる地域づくりを指向した「ご当地検定」、「エコツーリズム」、「エコミュージアム」など、地域学を方法論とする取組も活発になっており、多彩な形で地域学が広がりつつあるといえる。[19] 現在では、全国で70を超える団体が自らの使命と目的に照らし、地域学を実践している。

さらに、地域通貨による地域活性化も地域学の方法の１つであろう。日本政府も2003年に地域再生本部（本部長：内閣総理大臣）を発足させ、「地域再生支援プラン」を提出した。その中で、ITを活用した地域通貨の導入・普及検討がなされたほどである。現在、日本全国には650を超える地域通貨が存在する、と言われている。[20]

日本で地域通貨が注目されるきっかけになったのは、1999年５月にNHKが放送した「エンデの遺言」だと言われている。[21] 地域通貨で期待されることは、どんな活動にも関わっていない、何にも属していない一般の人が、ボランティアや地域の活動に関わるきっかけ、窓口、話のネタとなること。また、通常は循環することのない、お金のやりとりのある仕事以外の分野で、持っている趣味や過去の職歴などを通して習得した技術や、生産物などが交換しあえたり、循環しあえたりすることである。お金が作る人間関係とは異なる人間関係やコミュニティを作るだけではなく、地域にある「人」という資源を生かすことができ、人もそれを通してイキイキと生活・活動することができることである。[22] 要するに、地域通貨とは法定通貨では果たすことのできない、教育に関する給付の拡大、高齢者の増加に伴う問題の解決、文化的アイデンティティの保護、地産地消の促進、環境に配慮した最多輸送ルートの使用、非再生資源の利用に倫理的な関心を寄せることを促したりすることができるようにするものである。[23]

さらに重要なことは、地域の中に多様な人がいるからこそ地域通貨を動かすためのアイディアが生まれるということだ。多様な人が互いにその持てる能力で関わることで人々のつながりと信頼、さらには規範なども分かってもらえるようになる。これが**ソーシャル・キャピタル**である。ソーシャル・キャピタルが豊かになれば地域づくりの協働もしやすくなる。ソーシャル・キャピタルを高めてくれるツールが地域通貨である。その意味で地域通貨は、地域で使用できるお金以上の価値を有しているということができる[24]。

　こうしてみると、地域通貨とはある地位における単なる補助貨幣ではなく、その通貨を使用することで今まで希薄になりがちであった地域の人間関係を深め、また、地域の資源を再発見する手段となる、ということである。また、地域資源の再発見と人間関係の深化はその地域の持続可能性を高める役割を果たす可能性があるということだ。正に、地域が独自に考え、行動し、持続させていくことにより、自立した活動が行なえるということだ。これも地域自立の1つの現れであろう。

　さらに、地域通貨とは単なるお金というよりも文化そのものだという議論もある。なぜなら、地域通貨自身は法定通貨（＝お金）のように利潤を生みだすわけではなく、貯蓄しても何の意味もない[25]。それはその地域で循環させて初めて意味を持つものである。つまり、地域通貨を通して地域の資源を発掘し、またその地域における循環を活性化させることに意味があるのである。その際、地域通貨を利用する人が、普通の賃金を得るための仕事が忙しく、地域通貨を得る機会がなければこのシステムはうまく機能しない[26]。その意味では、現在の日本のように高齢化した社会では高齢者の人たちがこの地域通貨で「稼ぎ」、地域で利用するようになれば、高齢者が主体・主役となって地域の活性化が達成されることになる。

## *8* 生命系に根差した地域経済

　今まで見てきたように、地元学も地域学もその根底に流れているのは、地域

の再生を目的に、そこに眠っている資源を見直し、その見直し作業の中心に地元の住民をおくことで、地域の活性化に結びつけようということである。その際、注意しなければならないのは、資源＝鉱物資源ではないということだ。すなわち、いままでは、石油と鉄鉱石など地下資源を「資源」と呼び、それを加工・利用して財を生産する動脈産業を拡大させてきた[27]。しかし、これは経済の非生命系的な側面にしか過ぎない。地域資源が資源として重要な意味を持つのは、化石燃料、鉄鉱石、金・銀・ダイヤモンド鉱床のように、地球上に偏在する天然資源ではなく、その地域における経済生活を営む人々の社会関係である。それは言い換えれば、他の生命系との共同主体的社会関係にある。それは大地（山や海を含む）をめぐる社会関係、人間の生命活動をめぐる社会関係及び人間の共同的な相互扶助関係でもある。この３つの主要な地域資源を規定する所有関係の在り方こそ、地域自立を実現するプロセスにおいて決定的な役割を果たすのである[28]。

　従って、静脈産業を中心とした産業構造へと経済活動が転換していけば、廃棄物を分解し再資源化する生命過程が経済の主役になるであろう。その際、表層土壌と水が地域で最も重要な資源としてクローズアップされることになる。まさに、水循環の生命系である。これは、日本の国土全体に覆っている資源であり、そのように考えれば日本は都市、地方を問わず、まさに資源大国ということになる[29]。

　そして、地域に生きる人々が地域の資源を活用し、その成果を長期にわたって持続的に享受していくためには、地域での経済生活の中に地域資源の再生という課題が組み込まれていなければならない。それは、動脈産業と静脈産業をつなぐ循環型経済を作ることに他ならない[30]。

　それは、生命系に根差した地域経済の再生であり、日本経済を外部に依存した＝エントロピーの増大による経済構造＝地域の疲弊を内部から作り変える原動力となるのである。また、地域自立を考える時、それは決して他地域のものまねをすることではない。それぞれの地域が形作ってきた文化、歴史、伝統、生活習慣などに根ざしつつ、現在の地域に適合するように、融合・再生するこ

とこそ多様な地域が存在することになるのである。これこそ、平和のための経済学が目指す視点であり、そのキー概念として地域自立が位置づけられるゆえんである。

〈注〉
1) 中村尚司『地域自立の経済学』日本評論社、1993年、10頁。
2) 同上書、20頁。
3) 外界との間にエネルギーや物質の出入りがあるが、それらの流れが定常状態にあり、自己を維持し続ける系。地球環境を特徴づける概念として槌田敦によって提唱された。松村明監修『大辞林 第3版』三省堂、2006年。
4) 同上書、20～24頁。
5) 同上書、27～28頁。
6) 同上書、32頁。
7) 同上書、33頁。
8) 同上書、33～34頁。
9) 同上書、41頁。
10) 同上書、207頁。
11) 玉野井芳郎『地域主義の思想』農村漁村文化協会、1979年、119頁。
12) 同上書、119頁。
13) 吉本哲郎「風に聞け、土に着け―風と土の地元学」農文協『現代農業』2001年5月増刊、195頁。
14) 同上書、195頁。
15) 同上書、197頁。
16) 吉本哲郎「町や村の元気をつくる「地元学」」JCCA社団法人建設コンサルタンツ協会『Civil Engineering Consultant〈特集〉里地―原風景を守り育てる』Vol. 233、2006年、36～37頁。
17) http://www.aiina.jp/environment/digieco/kankyou_jimoto/jimoto/index.html
18) 長崎学：http://www.pref.nagasaki.jp/nagasakigaku/tiikigaku/index.html
19) 彩の国さいたま人づくり広域連合：http://www.hitozukuri.or.jp/jinzai/seisaku/seisaku.htm
20) 地域通貨全リスト：http://www.cc-pr.net/list/
21) 徳留佳之「日本の地域通貨の現状と動向―まち育て住民力の諸相」岡田真美子編『地域再生とネットワーク―ツールとしての地域通貨と共同の空間づくり』昭

第9章　地域自立の経済学

和堂、2008年、86頁。
22)　加藤寛明「地域再生のツール―地域通貨の可能性」同上書、95頁。
23)　マルグリット・ケネディ「補完通貨としての地域通貨―持続可能な豊かさへの新しい道」同上書、50頁。
24)　赤井俊子「地域通貨育むソーシャル・キャピタル」同上書、116頁。
25)　武藤一羊編『新しい「地域」／循環型システム―私たちのオルタナティブ』ATJ10周年記念ブックレット3、株式会社オルター・トレード・ジャパン、2000年、43頁。
26)　同上書、52頁。
27)　同上書、33頁。
28)　中村前掲書、47頁。
29)　武藤前掲書、34頁。
30)　同上書、32〜33頁。

### self study
①日本にはどのような地域学、地元学があるか調べてみよう。
②日本の地域通貨の種類、使い方について調べてみよう。

### exercise
①地域と国家との役割について考えてみよう。
②自立した地域と地域を結ぶしくみについて考えてみよう。

# 第10章

# 持続可能の経済学

## 1 今日の環境問題を取り巻く問題

　1972年にローマ・クラブが発表した『成長の限界』の予言が的中したかのように、1970年代以降、世界各国、特に開発途上国では、人口増加、乱開発等を背景に、熱帯林の減少、砂漠化等の土壌悪化、野生生物種の減少等の問題が深刻化するとともに、工業化、人口の都市集中が著しい地域を中心に大気汚染、水質汚濁等の先進国型の公害問題も顕在化するようになった。

　このような環境問題の新たな広がりを背景に、水、土壌、森林、野生生物等は、食糧生産、燃料等として生活の糧となるばかりでなく、経済的資源であり、それらが開発等によって再生可能な速度を超えて利用され、あるいは公害によって汚染されると、経済発展の基盤そのものを失うことになるとの認識が次第に芽生えてきた。

　また、1980年には IUCN（International Union for Conservation of Nature and Natural Resources：国際自然保護連合）とアメリカ政府がそれぞれ『世界自然保護戦略』と『2000年の地球』を相次いで発表した。これらに共通している点は、土壌、森林、野生生物等本来再生可能な自然資源が、乱開発などにより急激に減少すると予測し、将来に警鐘を鳴らしたことであった。

　こうした環境問題の顕在化により、環境と開発に関する考え方は、環境は経

済・社会の発展の基盤であり、環境を損なうことなく開発することが持続的な発展につながるというとらえ方へと進展した。また、環境問題への対応は、環境のみを独立させて議論すべきではなく、その背景にある開発、経済等の構造と結びつけて考えることが必要であるとの認識も芽生えた。

こうした認識は、1980年代に入り、「持続的開発」として国際社会において次第に定着するようになった。1982年に国連人間環境会議10周年を記念するため開催されたナイロビ会議では、開発途上国からも環境保全に配慮した開発の必要性が表明され、「環境、開発、人口及び資源の間の密接かつ複雑な相互関係を重視し、環境的に健全で持続的な社会経済の発展を実現させる」ことが強調された。また、1984年のロンドンサミットに基づく環境大臣会合は「国際貿易の鎖を通じて先進国の利益が開発途上国の利益と相互に関連しており、環境資源管理は国際政策の重要な要素である。」との認識を示したほか、OECDも、1985年の環境大臣会合において「水、土壌、森林及び野生生物の資源の管理と保護は、将来の経済発展を維持するために改善されなければならない」としたうえで、「環境資源管理の問題は、開発途上地域を含めた全世界的な観点から対応する必要がある。」とするなど「持続的開発」に向けての先進国の対応の必要性が認識されるようになった。

一方、温室効果やオゾン層の破壊の問題が1970年代半ば頃から問題提起され、1980年代に入り、アメリカ政府の「2000年の地球」報告等を契機に急速に関心が高まり、砂漠化、熱帯林の減少等の問題と併せ「地球的規模の環境問題」として環境問題の大きなテーマとして認識されるようになった。

1984年には「環境と開発に関する世界委員会」が設置され、人口、食糧、エネルギー、工業、国際経済等の地球環境問題の背景となる構造を分析した。また、1987年には環境と開発に関する世界委員会で「持続的開発」を将来の世代のニーズの充足を阻害することなく現在の世代のニーズを満たすような進歩のための取組と位置づけ、「持続的開発」に向けて講ずべき方策を提示するとともに、世界が制度的改革を含め早急に行動すべきことを訴えた『われら共有の未来（Our Common Future）』と題する報告書が発表された。この報告書は、

同年の国連総会に提出され、各国政府及び国際機関に対し政策や活動計画を策定する際に報告書に盛られた分析結果及び勧告を考慮するよう要請した[1]。

このように、1980年代に入り、世界は環境問題に対する認識が急速に深まっていったのである。

こうした環境問題に対する人々の関心の高まりは、この間見てきた成長至上主義＝開発主義に対する疑問から生まれてきたものであることは言うまでもない。言い換えれば、豊かさの象徴とされてきたGDPは決して豊かさを表すものではないということが広く認識されてきたということだ。

では、GDPが持つ問題点（限界）とは何か。第1に、「生産的」活動をきわめて狭い方法で測定していること。例えば、家事労働は生産的活動からは除外されていたり、インフォーマル部門も統計には載らない。また、自家消費用の生産も入らない。第2に、人口学的な内容を配慮せず、経済発展を測定するという雑ぱくな測定法である。ある階層の人々の所得分布、富、収入の関係などは無視している。第3に、生産がどのような目的で行なわれているか十分に勘案していない。武器として生産されているのか、健康管理のために生産されているかなどは、区別しないのである。第4に、国内の社会階層といった人々のグループ間の違いについて区別しない。同じGDPであっても、貧しい国の中には他国より公平に富を分配している国もある。第5に、資源の生産的利用のみを記録し、その資源が再生可能か否かを問わない。森林伐採は資源の減少であるにもかかわらず、逆に資本の成長に貢献したものとしてカウントされる。また、公害の抑制など、その生産活動が経済成長が負う社会的コストであるにもかかわらずGDPに加算されてしまう[2]。

以上のように第二次世界大戦後、GDPの増大こそ豊かさの表れであると考えていたものが、実は世の中の豊かさを正しく反映したものではなく、逆に開発途上国や貧しい人々に間違った夢を見せることで、環境破壊をはじめ、多くの問題を抱え込ませてしまったのである。

従って、我々はGDP＝量的成長に代わる新たな豊かさの指標、価値観を提示する時期にさしかかっている。このような脈絡の中から、持続可能な開発と

いう考え方が生まれてきたのである。

## 2 持続可能な開発を巡る議論

今日、**持続可能な開発**（sustainable development）という言葉を知らない人がいないほど、この言葉は広く広まっている。それほど、人々の環境問題（と開発）に関心が高まっているということだ。この言葉が、生まれたのはそれほど昔のことではない。一番最初に使われたのは、1980年にIUCN、UNEP（United Nations Environment Programme：国連環境計画）及びWWF（World Wide Fund for Nature：世界自然保護基金）がまとめた『世界環境保全戦略』の中だと言われている[3]。

その中で、世界を救う道は、人類の存続と幸福にとって生物資源が保全されるような開発を考え出し、それを実行することである。それは、自然保全と開発の十分な統合を進めることであるとした[4]。

そのためには、開発に携わる人々は、自然保全を開発のプロセスに取り入れて、持続可能な開発を推し進めるべきであり、それをしない限り、たとえ（自然保全を無視した）開発が人類のニーズを満たし、生活の質的向上をもたらしたとしても、それは一時的なものにすぎない、と指摘したのである[5]。

その後この言葉は、1987年に環境と開発に関する世界委員会（WCED ＝ World Commission on Environment and Development：通称「ブルントラント委員会」）が発表した『我ら共有の未来』という報告書の中で使われることにより、世界的注目を集めるようになった。同報告書は、持続可能な開発を「将来世代のニーズを満たす能力を損なうことなく、現在の世代のニーズも満足させるような開発」と定義した。この持続可能な開発には2つの鍵となる概念を含んでいる。1つは、何にもまして優先されるべき世界の貧しい人々にとって不可欠な「必要物」の概念であり、もう1つは技術・社会的組織の在り方によって規定される、現在ならびに将来の世代の欲求を満たせるだけの環境の能力の限界についての概念である[6]。具体的には、(1)成長には、地球環境という物理的

な避けがたい限界があるので、その成長を政治的意思によって方向転換し、自然生態系を壊さない範囲で資源の採取や利用をおこなわねばならない。②成長を持続するには、すべての人々のBHNを満たし、南北間の格差を是正することが必要で、そのためには国内並びに国際レベルでの民主的意思決定が必要であるとし、そのためには、持続可能な開発が必要であると謳ったのである。

　その後、1991年にICUN、UNEP、WWFが共同で出した『新世界環境保全戦略』の中で、「生存を賭けるのか、持続可能な生活様式をとるのか」と問い、そのために新たな戦略が必要であるとした。その観点は、第1に、すべての人々の次の世代が満足のゆく生活が送れることを願い、その実現のためには新しい考え方に立脚した開発が必要である。また、今までと異なる生き方をしていくことが必要である。第2に、人類は生きていくのに必要なものを地球資源に頼っている。しかし、今のままの経済システムは、文明が存続できるか否かの賭けをしているようなものである。第3に、人類はまだこの賭けにかける望みがあるということだ。これは、持続可能な生活様式を学べば、危険性を取り除くことは可能である、ということだ。

　そして、持続可能な開発の社会の実現に向けて、最も重要な対応策は、持続可能な、そして地球環境を大切にする生活様式への転換である。

　持続可能な生活様式は、個人や地域社会、国家といったあらゆるレベルにおいて新しい行動規範を求める。新しい生活様式を採用するには、多くの人々の生活態度と習慣を根本的に変える必要がある。それを可能にするには、持続可能な生活様式のための倫理の重要性を教育計画に反映させ、それを広めるための啓蒙活動を徹底しなければならない。

　地域社会こそ持続可能な生活様式を確立するために必要な活動の中心であるが、そのための権限が地域社会になければ成果は期待できない。

　では、持続可能な社会を実現するための基本原則とは何か。それは、他の人々と協調し自然と調和する義務を認めるか否かにかかっている。指針となる原則は、人間同士が互いに分かち合い、地球を大切にするということである。それは、必要以上に自然を収奪するような生活様式や開発をしないということ

表10-1　持続可能な開発概念の変遷過程

| 1972年 | 国連人間開発会議 | 「かけがえのない地球（Only One Earth）」 |
| --- | --- | --- |
| 1980年 | 世界環境保全戦略 | 「開発の為の保全(Conservation for Development)」 |
| 1987年 | 環境と開発に関する世界委員会 | 「我ら共有の未来(Our Common Future)」 |
| 1991年 | 新世界環境保全戦略 | 「かけがえのない地球を大切に(Only one esrth)」 |
| 1992年 | 国連環境開発会議 | 「持続可能な開発(sustainable development)」 |
| 2002年 | 持続可能な開発に関する世界首脳会議 | 「我々の起源から将来へ（From our origins to the future)」 |

筆者作成。

である。そのための、基本原則は以下の通りである。

①生命共同体を尊重し、大切にすること
②人間の生活の質を改善すること
③地球の生命力と多様性を保全すること
④再生不能な資源の消費を最小限に食い止めること
⑤地球の収容能力を越えないこと
⑥個人の生活態度と習慣を変えること
⑦地域社会が自らそれぞれの環境を守るようにすること
⑧開発と保全を統合する国家的枠組みを策定すること
⑨地球規模の協力体制を創り出すこと

この9つの原則のうち、①は他の8つの原則の倫理的基盤であり、②〜⑤は、満たされるべき基準を、⑥〜⑨は個人・地域・国家・国際的レベルで、持続可能な社会を作るために進むべき方向を示している。

以上が、持続可能な開発を巡る議論・変遷過程である（表10-1）。

## 3　持続可能な開発とは何か

では、持続可能な開発とは何か。前述の『我ら共有の未来』の中では、人間の欲求と願望を満たすことが開発の大きな目標であり、開発途上国の人々が生

きていく上で必要不可欠な条件——食糧、衣類、住居、仕事等——は不十分であり、しかも彼らはこれらの基本的条件を満たす以上の質の高い生活を望んでいる。従って、持続可能な開発は、世界のすべての人々の基本的欲求を満たし、また世界のすべての人々に、より良い生活を送る機会を拡大することを必要とするものである。しかし、このより良い生活には多くのエネルギー利用が必要となり、その結果、自然の生態学的意味合いを考慮してこなかった。社会的・文化的観点から決定された欲求だけが認められるべきであり、持続可能な開発は生態系を破壊することなく、かつすべての人々にとって妥当な消費水準を目指した価値観を作り上げて初めて可能となる[8]。

　以下では同報告書に沿って、持続可能な開発について見ていくことにする。

　現在の経済システムは、化石燃料や鉱物資源のような再生不能な資源を使用して生産物を生産している。この再生不能資源を利用すれば、当然のごとく将来において利用可能量は減少せざるを得ない。だからと言って、この資源を即、全面禁止すべきであるということにはならない。重要なのは、その資源の重要性、減少速度を最小に抑える技術をどれだけ利用できるか、をそれに代わる資源の発見・発明の可能性も考慮しながら使用することにある。これこそ現在の世代と将来の世代の欲求を同時に満たすということの含意である。

　従って、持続可能な開発とは、再生不能資源の減少速度を可能な限り将来の選択肢として残るように抑えることである。

　持続可能な開発のためには、大気、水、その他自然への好ましくない影響を最小限に抑制し、生態系の全体的な保全を図ることが必要である。すなわち、持続可能な開発とは、天然資源の開発、投資の方向、技術開発の方向づけ、制度の改革が一つになって、現在ならびに将来の人間の欲求と願望を満たす能力を高めるように変化していく過程のことである。

　そのための具体的な行動としては、教育、制度改革、法律の施行が必要である。

　また、持続可能な開発の概念から導き出される環境と開発の政策にとって不可欠な目標は以下のとおりである。

## 第10章　持続可能の経済学

①成長の回復。貧困解決のために、天然資源が無計画に消費され、その結果環境悪化に圧力が加わる。貧困を取り除くために（十分条件ではないが）必要条件となるのは、第三世界における1人当たりの所得を他の国のそれよりも速い速度で上昇させることである。ここでいう成長とは、経済成長、貧困の緩和、環境条件の3つが結びついたものを指す。

②成長の質の変更。持続可能な開発は、単なる成長ではない。成長の中身を変えて省資源、省エネルギー型にすると共に、それによって得られる利益を公平に分配しなければならない。こうした変革は、すべての国が生態学的資本の蓄積量を保持し、収入を公平に分配し、経済危機に対する危うさをなくすような方策を行なうことを意味する。例えば、農産物の価格低下は、農民が自分の所得を維持するために、自然資源を過剰使用する原因ともなる危機に対する脆弱性は、生産上の危険負担を減らす技術を利用し、市場価格を抑える方策を採用することによって、または食糧や外貨を蓄積することによって低くできる開発こそ、持続可能な開発なのである。

持続可能性は、教育、健康、澄んだ空気、水、自然の美しさの保護といった経済外的価値と結びついた人間の欲求や福祉という考え方を必要とする。さらに、不利な立場におかれた人々の問題にも対処しなければならない。

③雇用、食糧、エネルギー、水、衛生などのような基本的欲求の充足。人間の欲求と願望を満たすことが生産活動の目標であるのは明らかであり、持続可能な開発の概念においてもそれが中心的役割を果たしている。開発にとって主要な課題が、増大しつつある開発途上国の人々の欲求と願望を満たすことにある。それは、雇用機会、食糧、エネルギーの確保である。また、水の供給、衛生、健康管理などもそうである。

④人口の伸びを持続可能なレベルに確保すること。生態系の生産能力に見合ったレベルで人口が安定すれば、持続可能な開発はより容易に追求できる。

⑤資源基盤の保護と強化。人々の欲求を資源基盤に相応しいものとするため

には、地球上の天然資源基盤を保護・強化しなければならない。工業国の高い消費レベルを改め、開発途上国の消費量を増加させて最低限の生活水準を保ち、予想される人口増加に対処するためにも、政策の大転換が必要である。しかし、自然保護は、開発という目標だけに頼るべきではない。自然保護は、人間以外の生物と我々の将来世代に対する道義的責任の一部である。

⑥技術の方向転換と危険の管理。上記の課題を達成するためには、人間と自然がしっかりと結びついた技術への方向転換が必要である。それには先ず、開発途上国の技術革新能力を格段に高めること。これによって開発途上国は持続可能な開発に向かって、もっと効果的な挑戦を行なうことができる。次に、環境的要素に大きな注意を払った技術開発へと変えることである。

⑦環境と経済を考慮に入れた意志決定。持続可能な開発のためのこうした戦略を通した共通のテーマは、経済と環境を考慮に入れた意志決定の必要性である。この2つを統合するために、あらゆるレベルでの取り組みを改め、制度的枠組みを変更しなければならない。また、持続可能性は意志決定による影響に対して幅広い責任をとることから生まれる。そのため、共通の利益を確保できるように法的、制度的枠組みを変える必要がある。それにより、多くの大衆参加を引き出すことも可能となる。そのためにも、市民のイニシアティブを高め、市民組織に権限を与え、地域民主主義を強化することが必要である。

経済および生態学的要素を各国の法律や意志決定システムの中に統合すると共に、国際レベルでもこれに見合った措置を講ずる必要がある。

結論として、持続可能な開発を追求するためには、次のことが必要である。
①意志決定における効果的な市民参加を保障する政治体制。
②剰余価値および技術的地域に頼ることなく持続的な形で作り出すことのできる経済体制。
③調和を欠いた開発に起因する緊張を解消しうる社会体制。

④開発のための生態学的基盤を保全する義務を遵守する生産体系。
⑤新しい解決策をたゆみなく追求することのできる技術体系。
⑥持続的な貿易と金融を育む国際的体系。
⑦自らの誤りを正すことのできる柔軟な行政体系[9]。

　以上、同報告書の中で指摘されている持続可能な開発についての概念と条件について見てきた。この報告書の特徴は、現在の経済成長については否定せず、自然との調和の取れた成長へと転換すべきであるとしている点。また、先進国は成長速度を減じ、途上国は経済成長によって基本的必要条件を満たすべきとしていること。持続可能な開発の実現のためには、制度、法律によって規制あるいは方向転換を図るとしていること、などである。

## 4　持続可能な開発に秘めた問題点

　前で見てきたように、持続可能な開発とは、将来世代の必要を満たす能力を損なうことなく、現在世代の必要をも満たすことと考えられている。これは普通2つの公平性の同時実現を目指すものだ、と理解されている。1つは、**世代内公平性**（Intragenerational Equity）で、これは同時代の現存する格差に対し、世界の貧困層に不可欠な「必要物」をいかに共有するのか、ということであり、2つ目は、**世代間公平性**（Intergenerational Equity）で、現在および将来の世代の要求を満たせるだけの環境能力の維持ということである。

　世代内公平性の意味するところは、現在の世代の人々が人間らしく豊かで尊厳を持って暮らしていくためには、ある程度の環境汚染や資源枯渇を招いても「必要物」を取得する必要がある、という考え方である。一方、世代間公平性の意味するところは、現在の世代が必要物を得るために許容される環境汚染や資源枯渇の範囲は、将来の世代が必要物を得られる範囲内に抑えなければならない、という考え方である（図10-1）。

　この2つの公平観には大きな問題がある。それはいずれの公平観においてもそれは人間あるいは人間社会の公平にのみ焦点を当てているということだ。し

**図10-1　持続可能な開発の2つの捉え方**

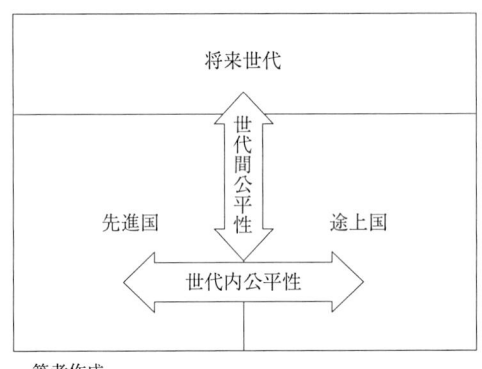

（将来世代／先進国／途上国／世代間公平性／世代内公平性）

筆者作成。

かし、この間見てきたように人間は自然の一部であり、それを人間が開発の名の下に、自然を無尽蔵に存在するものと錯覚し支配することで、開発すればするほど環境破壊が深化するという図式が出来上がってしまった。

従って、持続可能な開発と言った時、これまでの生産力・生活水準を維持・発展させるための技術・システムを作り出すという含意の開発に焦点を当てるのではなく、人間だけでなく自然も含むすべての生態系を維持・発展させる技術・システムを開発する方に重点をおくべきであろう。これは、現在の生産力を大幅に後退させる生産・生活様式を主張しているのではない。現在の開発主義による生産様式では、経済発展はおろか環境そのものもいずれ停滞・後退することになるが故に、大量生産・大量消費型社会システムから脱却しようということである。その際、人間の経済社会活動と同じレベルで生態系の活動も保障しなければならないということだ。この環境と開発の両立こそ、持続可能な開発の目指すべき目標である。その際、過剰開発に陥らないで経済活動が営まれる限界点を中村は以下のように定式化している。

①再生可能な資源の消費＜再生可能な資源の更新
　薪炭の採取や木材の利用は、その地域における木の成長を超えない範囲で行なう。
②非再生的な資源の消費＜更新性資源による代替
　化石燃料の使用は、太陽熱の利用に置き換えることができる範囲を超えない。
③廃熱・廃物の放出規模＜水サイクルと再生利用

人間活動によるエントロピーの増加は、水循環で宇宙空間に捨てられる範囲に限る。

④生命に危害のある部品＜安全な商品による代替

人間の生命の外にある商品生産は、害の少ない商品に代えられる範囲に限定する。[10]

この定式は、従来の成長至上主義的生産・生活様式を適正な規模やシステムに、場合によってはあらゆる生産要素の再検討を図ろうというものである。特に、有限かつ害のある資源や商品は再生可能あるいは更新性のある資源へと代替ならびに管理が必要である。

そのためにも、環境（自然）に配慮し、負荷を最小限にするには、最小の単位での循環型社会を構築するしかない。

この循環を生かすことが持続可能性の条件であるとした議論に、槌田敦の物質循環論がある。槌田は、人間社会それ自体が活動を維持するエンジンである、としてそのための動因として以下の3つを上げている。1つは入力としての資源の導入、第2に出力としての廃物と廃熱の排出。第3は社会の中を流れる物質の循環である。これは商業による物流がつながって循環になる、という考えだ。この社会の物質循環も、力学や化学の法則で運動する輸送手段と燃料によって支えられている。

しかし、それだけでは社会の物質循環は成立しない。社会の物質循環では、力学法則と化学法則のほかに、需要があれば供給が生まれるという商業の法則が満たされてはじめて物質が移動する。これがつながって循環となる時、社会の物質循環ということになる。

従って、社会エンジンを維持・運転する（持続可能ならしめる）ための社会の循環の第一条件は、需要と供給の関係に留意し、社会のエンジンを運転・制御することである。

次に、社会が自然からもらう資源と、社会が自然に返す廃棄物によって社会と自然が繋がり、大きな物質循環になることが大切である。人間社会の中だけのリサイクルではなく、自然との間のサイクルを作り出すことである。この条

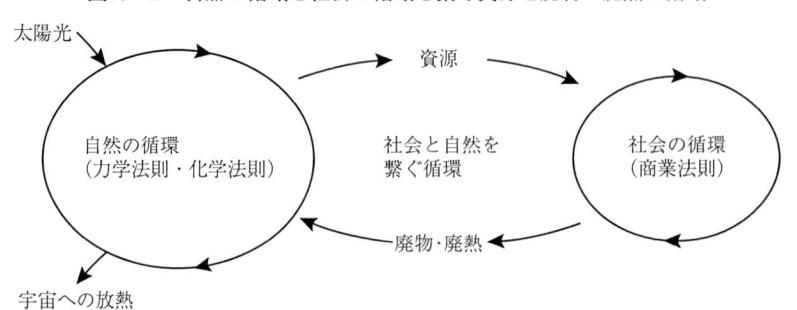

## 図10-2　自然の循環と社会の循環を繋ぐ資源と廃物・廃熱の循環

出典：槌田敦「持続可能性の条件〜資源と廃棄物で社会の循環と自然の循瑠をつなぐ〜」名城大学商学会『名城商学』第48巻第4号1999年3月、97頁。

件が満たされる時、人間社会の発生するエントロピーはすべて宇宙に廃棄されて、地表に溜まることはない（図10-2）。

つまり、社会エンジンを維持・運転する（持続可能ならしめる）ための入力と出力に関する第二条件は、社会の循環が、資源の導入と廃物・廃熱の排出により、自然の循環とつながり、大きな物質循環を構成する、ということである[11]。

要するに、持続可能な開発に必要なのは、単なる自然と人間との共存・共栄ではなく、それを循環させることにより、エンジンを動かす、ということだ。

## 5　成長から発展へ

持続可能性を議論する際、「持続可能な発展」ではなく「持続可能な成長」という言葉を使うことがある[12]。一見すると発展と成長は同義語のようにみられることもあるが、この2つの言葉はかなり異なった意味を持つ。成長とは、物質の吸収ないし増大による物理的大きさの量的増加を意味する。これに対し、発展とは質的変化、可能性の実現、よりよい状態への転換を意味する。この2つの過程は別のものであり、ある場合には関連しているが、ある場合には関連していない。例えば、子供は成長すると同時に発展する。雪球やガンは成長するが発展しない。地球は成長しないで発展する、などである。

さらに経済は成長もし、発展もするが、別々に存立することもあり得る。その際重要なのは、経済は有限で成長しない生態系の下位システムであるということだ。従って、成長はシステム全体の中のますます大きな部分を経済自身の中に組み込むように経済を導くので、経済の動きがますますシステム全体の動きに、つまり成長なき発展に近づくことになる。言い換えれば、量的増大が質的変化を不可能にしてしまうということだ。現在の経済開発の結果による地球環境の悪化がこれに当たる。

これに対し、持続可能な発展が大きな意味を持つのは、こうした規模の成長がいずれ不可能になるということを認識させるということだ。すなわち、持続可能な発展とは、生物圏の扶養力の範囲を超えては成長させないことである。この点で重要なことは、持続可能な発展、つまり成長なき発展は、経済学の終焉を意味しない、ということだ。逆に経済学はいっそう重要になってくる。しかし、それは維持、質的改善、共有、倹約、自然の限界への適応に関する、微妙で複雑な経済学を意味する。言い換えるならば、「より大きい」ではなく「より良い」についての経済学が重要になってくるということだ[13]。それは、グローバリゼーションが追い求める「より多く」ではなく、「ほどほど（最適）」という考え方への転換を意味する。

従って、持続可能な発展とは持続可能な成長とは異なり、規模の増大からよりよい状態への転換を目指すものである。持続可能な開発も、この質的変化、可能性の実現、よりよい状態への転換を重視したものでなければならない。

従って、平和経済学が目指す持続性とは、この質的変化を内包する発展の意味として、理解されなければならない。

## 6　持続可能な発展のための経済政策

持続可能な発展を達成するためには、それを担保する経済政策が立案・展開されなければならない。それは前述した、成長＝規模の増大ではなく、持続性、十分性、公平性、効率性に注目した経済政策を立案するということだ。こ

れを実現するためには、配分、分配、規模の３つの経済問題を解決することが重要である。配分とは、資源を商品の代替的用途の間で振り分けること、すなわち、自動車、自転車、靴、豆類にどれだけの資源を配分するかという問題である。最適配分とは、人々が望み、しかも購買できるものを彼らに供給する点において効率的であるような配分のことだ。

　分配は、最終生産物に体化された資源を人々の間で分けること、すなわち、どれだけの自転車や豆類をあなた、わたし、その他の人々の間で分配するかという問題である。最適分配とは、公平性と十分性の限度内に収まっているような分配のことである。

　さらに、この間あまり認識されてこなかった規模の問題とは、規模にも限界があり、上限があり、上限に達する前に最適規模があるということだ。最適規模とは、良い生活をするのに十分な水準の１人当たりの資源利用で扶養できる人口を、長期的に見て最適にするような規模のことである[14]。

## 7　平和のための経済学

　今まで見てきたように、持続性の条件には、循環が必要であり、循環を活性化するためには、地域が自立していなくてはならない。さらに、持続性のない地域は決して自立することはできない。こうして、３つの要素は互いに補完し合っているだけではなく、支え合ってもいる。

　そして、それぞれの要素は、独立しては存在し得ないものでもある。しかし、これまでの議論はえてして、それぞれの要素を独立したものとして捉えてきた。その結果、従来の枠組みを乗り越えることができなかった。

　平和のための経済学＝平和経済学は、これら３要素を統一されたものとして捉えることにより、成長一辺倒の開発主義から新たな価値観を付与した持続可能な発展を目指すものである。それは非成長＝停滞ではなく、成長なき発展をめざすものである。

　今まで経済開発の主体は、政府であり、企業であった。もちろん消費を支え

ているのは、家計（市民）ではあるが、決して家計は主体になることなく、常に従属変数であった。一方で、開発主義の最も大きな被害者は家計であった。そして、彼らの解決者は政府であり、企業であった。加害者が被害者を救済するのは当たり前であるが、そこに被害者の意向が入らなければ真の救済・解決は不可能である。

　平和のための経済学は、家計＝市民が主体であり、解決者も家計＝市民である。政府、企業はあくまで従属変数であり、補助者・補完者とする。市民が主体となり、それに相応しい活動ができるようにするためには、市民が活動できる範囲、責任を負える能力というものがなければならない。それが（市民が創造かつ理解できる）地域であり、自分だけではなく子孫にも引き継ぐことができる持続性であり、それを可能とするための原動力としての循環を作り出すことである。

　平和の経済学とは決して一部の理想をめざす企業や市民のための理論・政策ではない。市民１人１人が主体的に参加することによって初めて可能となる価値観である。その営為こそ開発経済学の再生になるものと信じる。

〈注〉
1）　環境庁編『昭和63年版　環境白書』1988年、79頁。
2）　マイケル・レッドクリフト、中村尚司・古沢広祐監訳『永続的発展―環境と開発の共生』学陽書房、1992年、41‐42頁。
3）　Robert Allen, *"How to Save The World : Strategy for World Conservation"*, Kogan Page Limited. 1980. ロバート・アレン『世界環境保全戦略―自然と開発の調和をめざして』財団法人日本生産性本部、1982年、22頁。なお、日本語版では「永続性のある開発」となっているが、原文では"sustainable development"となっている。
4）　同上書、17～18頁。
5）　同上書、22～23頁。
6）　The World Commission on Environment and Development, *"Our Common Future"*, Oxford University Press, New York, 1987, pp. 43. 環境と開発に関する世界委員会、大来佐武郎監修『地球の未来を守るために』福武書店、1987年。
7）　The World Conservation/United Nations Environment Programme/World

第Ⅳ部　開発経済学の再構築

Wide Fund for Nature, *"Caring for the Earth : A Strategy for Sustainable Living"*, 1999. IUCN 国際自然保護連合／UNEP 国連環境計画／WWF 世界自然保護基金『かけがえのない地球を大切に─新・世界環境保全戦略』1999年、14～23頁。
8 ）　*Ibid,* pp. 67.
9 ）　*Ibid,* pp. 43-65.
10）　中村尚司「過剰開発か永続可能な発展か」マイケル・レッドクリフト前掲書、16頁。
11）　槌田敦「持続可能性の条件～資源と廃棄物で社会の循環と自然の循環をつなぐ～」名城大学商学会『名城商学』第48巻第 4 号1999年 3 月、93～97頁。
12）　オバマ大統領も持続可能な（経済）成長という言葉を使用している。例えば、2009年 9 月24～25日にアメリカ・ピッツバーグで開催された G20 首脳会合（金融サミット）を前に発表した声明の中で「（金融サミットに臨む各国首脳は）この種の危機の再発防止に向けた規制を整備しながら、持続可能な成長（sustainable economic growth）に貢献できるよう協調して取り組む責任がある」と強調した。"Reuters", September 8 2009.
13）　Herman E. Daly, *"BEYOND GROWTH : The Economics of Sustainable Development"*, Beacon Press, Boston, Massachusetts, 1996. ハーマン・E. デイリー、新田功・藏本忍・大森正之共訳『持続可能な発展の経済学』みすず書房、2005年、234～235頁。
14）　同上書、313～315頁。

**self study**
①開発、成長、発展の意味の違いについて調べてみよう。
②持続可能な開発概念が生まれてきた時代的背景を調べてみよう。

**exercise**
①持続可能な開発を達成するための条件について考えてみよう。
②平和のための経済学その構築に必要な要素間の関係について考えてみよう。

あ と が き

　毎年、学生に開発経済学の講義をする時、この聞き慣れない学問をどうやれば、学生に分かりやすく、また関心を持って理解してもらえるのかと考えてきた。特に、昨今の世界政治・経済・社会に影を落とすニュースを、単に「できごと」として捉えるのではなく、歴史的視点、同時代の各国同士の様々な関係と結びつけて理解してもらいたいと考えてきた。
　そのような折り、法律文化社の小西英央氏より、開発経済学の教科書執筆の話を頂いた。筆者にしてみれば、10数年前に執筆した『アジア経済論』(中央経済社)も改訂したいと思っていた矢先であり、有り難くお受けすることにした。したがって、本書が日の目を見ることができたのは、ひとえに小西英央氏のおかげである。ここで改めて感謝を申し上げたい。
　しかし、いざ執筆してみると、開発経済学という分野のいかに多岐にわたり、また多くの論点があることを再認識させられた。これらすべての問題について言及することは、筆者の能力を超えている。その結果、本書で書かれた内容はあくまでも、開発経済学を探求する多くの先達や先人の末席を汚す筆者の極めて狭い視点から書かれたものであり、これで開発経済学のすべてが分かったと読者に誤解されたなら、それはひとえに筆者の努力不足の責任である。それでも、一人でも多くの方が本書をきっかけに途上国の貧困問題に関心を持って頂ければ、と思う。
　さて、「はしがき」でも記した「exercise」の利用方法であるが、まずは法律文化社のウェブサイトのトップページ (http://www.hou-bun.co.jp) を開いてもらい、その中にある＜教科書関連情報＞のなかへさらに入って頂きたい。「教科書連動ページ」にある本書『開発経済学』のコーナーに以下のパスワード「peace」を入力してもらえれば、**exercise** ごとの「答え」を見ることができる。前述したように「答え」はあくまでも「例」であるので、読者の皆さん

が別の視点やアプローチから論じても一向に構わない。要は、自分の頭で考えるということが大事なのだ。

　最後に、平和経済学という大仰なネーミングを考えついたのは、筆者が10年以上前の発足当初から関わっている環境・平和研究会のメンバーとの胸襟を開いた議論の中からである。この研究会を通してあらゆる学問分野の根底には平和という価値観が横たわっており、この概念を抜きにしてあらゆる学問は語ることができず、さらにそれを真正面から現代的に捉え直すことが現在求められているのではないか、と痛感するようになった。特に、昨今の非平和的状況を目にするにつれ、平和という概念を前面に押し出す必要性を強く認識するようになった。その意味で、普段から研究会の度ごとにわがままな言動をしている筆者に対して、寛大に接してくれている研究会のメンバーにも感謝したい。これからも、この研究会やメンバーとの交流を通して、平和経済学の構築を目指したいと考えている。そのためにも、読者からの忌憚のない意見が寄せられるのを期待している。

# 参 考 文 献

## ■第1章
渡辺利夫・佐々木郷里編『開発経済学辞典』弘文堂、2004年
UNDP『人間開発報告書1999：グローバリゼーションと人間開発』国際協力出版会、1999年
世界銀行・国際復興開発銀行共編、世界銀行東京事務所訳『世界開発報告：開発の課題』イースタン・ブック・サーヴィス、1991年
ヴォルフガング・ザックス編、イヴァン・イリッチ他、三浦清隆他訳『脱「開発」の時代—現代社会を解読するキイワード辞典』晶文社、1996年
坂本義和編『暴力と平和』朝日新聞社、1982年
涌井秀行・横山正樹編『ポスト冷戦とアジア』中央経済社、1996年
H. S. トルーマン、堀江芳孝訳、加瀬俊一監修『トルーマン回顧録Ⅱ』恒文社、1992年
鳥取大学『地域学論集』第3巻第2号、2006年
坂本義和編『暴力と平和』（朝日新聞社）
谷口誠『南北問題—解決への道』サイマル出版会、1993年
アマルティア・セン、石塚雅彦訳『自由と経済開発』日本経済新聞社、2000年

## ■第2章
W. W. ロストウ、木村健康・久保まち子・村上泰亮訳『経済成長の諸段階—1つの非共産主義宣言』ダイヤモンド社、1961年
外務省経済協力局『平成12年度　経済協力評価報告書（各論）』2001年
通産省『昭和40年版　通商白書総論』1965年
郭洋春『アジア経済論』中央経済社、1998年
ラグナー・ヌルクセ、土屋六郎訳『後進諸国の資本形成　改訳版』厳松堂出版、1966年
アルバート・O. ハーシュマン、小島清監修、麻田四郎訳『経済発展の戦略』厳松堂、1961年
杉谷滋『開発経済学再考—南北問題と開発途上国経済』東洋経済新報社、1978年

## ■第3章
外務省『昭和54年版　わが外交の近況』（第23号）

ドネラ・H. メドウズ、大来佐武郎監訳『成長の限界』ダイヤモンド社、1972年
『平成3年版　環境白書』2001年
外務省経済協力局『平成12年度　経済協力評価報告書（各論）』2001年
労働省大臣官房国際労働課『世界雇用会議報告書』1976年
本多健吉編『南北問題の現代的構造』日本評論社、1983年
川口融『アメリカの対外援助政策―その理念と政策形成』アジア経済研究所、1980年
絵所秀紀『開発の政治経済学』日本評論社、1997年

■第4章
国際連合貿易開発会議編、正井正夫訳『新しい開発戦略をもとめて―新プレビッシュ報告』国際日本協会、1968年
大崎正治（他）訳『世界資本主義と低開発』柏植書房、1979年
サミール・アミン、野口祐（他）訳『世界資本蓄積論』柏植書房、1979年
サミール・アミン、西川潤訳『不均等発展』東洋経済新報社、1983年
サミール・アミン、野口祐・原田金一郎訳『周辺資本主義構成体論』柏植書房、1979年
I. ウォーラステイン、藤瀬浩司・麻沼賢彦・金井雄一訳『資本主義世界経済』名古屋大学出版会、1987年
大阪市立大学経済研究所・尾崎彦朔編『第三世界と国家資本主義』東京大学出版会、1980年
本多健吉『資本主義と南北問題』新評論、1986年

■第5章
経済企画庁編『昭和55年版　世界経済報告―石油危機への対応と1980年代の課題』1980年
大和田悳朗訳『OECDレポート　新興工業国の挑戦』東洋経済新報社、1980年
余照彦『NICS』講談社現代新書、1988年

■第6章
国連開発計画（UNDP）『人間開発ってなに？』2003年
西川潤編『社会開発―経済成長から人間中心型発展へ』有斐閣選書、1997年
厚生労働省『厚生白書　平成7年版』1995年
国連広報センター『コペンハーゲン宣言及び行動計画―世界社会開発サミット』1998年

## ■第7章

宇沢弘文『社会的共通資本』岩波新書、2000年
ベルナール・シャバンス、宇仁宏幸・中原隆幸・斉藤日出治訳『入門制度経済学』ナカニシヤ出版、2007年
渡辺利夫・佐々木郷里編『開発経済学事典』弘文堂、2004年
アダム・スミス、大河内一男監訳『国富論Ⅰ』中央公論社
宇沢弘文・高木郁朗編『市場・公共・人間―社会的共通資本の政治経済学』第一書林、1992年

## ■第8章

室田武・多辺田政弘・槌田敦編著『循環の経済学―持続可能な社会の条件』学陽書房、1995年
吉田文和『循環型社会―持続可能な未来への経済学』中公新書、2004年
環境省編『平成13年版　循環型社会白書』2001年
環境省編『平成14年版　循環型社会白書』2002年

## ■第9章

中村尚司『地域自立の経済学』日本評論社、1993年
松村明監修『大辞林　第3版』三省堂、2006年
玉野井芳郎『地域主義の思想』農村漁村文化協会、1979年
岡田真美子編『地域再生とネットワーク―ツールとしての地域通貨と共同の空間づくり』昭和堂、2008年
武藤一羊編『新しい「地域」／循環型システム―私たちのオルタナティブ』ATJ 10周年記念ブックレット3、株式会社オルター・トレード・ジャパン、2000年

## ■第10章

環境庁編『昭和63年版環境白書』1988年
マイケル・レッドクリフト、中村尚司・古沢広祐監訳『永続的発展―環境と開発の共生』学陽書房、1992年
ロバート・アレン『世界環境保全戦略―自然と開発の調和をめざして』財団法人日本生産性本部、1982年
環境と開発に関する世界委員会編、大来佐武郎監修『地球の未来を守るために』福武書店、1987年
IUCN国際自然保護連合・UNEP国連環境計画・WWF世界自然保護基金『かけがえのない地球を大切に―新・世界環境保全戦略』1999年

ハーマン・E.デイリー、新田功・藏本忍・大森正之共訳『持続可能な発展の経済学』みすず書房、2005年

＊本書の「参考文献」については、上記以外にも各章末の注記内に明示した欧文文献等多数あるが、ここでは便宜上、邦文文献に限った。

# 参考 URL

国連開発計画（UNDP）：http://hdr.undp.org/en/：『人間開発報告』の全文をダウンロードできる。
世界銀行：http://www.worldbank.org/：各国別の統計データを入手することができる。
国連貿易開発会議（UNCTAD）：http://www.unctad.org/：開発途上国の動向を知ることができる。
国際労働機関（ILO）：http://www.ilo.org/：各国の労働統計を見ることができる。
国際連合：http://www.un.org/en/：世界各国の多くの問題について調べることができる。
世界保健機関（WHO）：http://www.who.or.jp/（日本語版）：世界中の健康に関するデータを見ることができる。
世界貿易機関（WTO）：http://www.wto.org/：自由貿易に関する政策やデータを入手することができる。
経済協力開発機構（OECD）：http://www.oecd.org/：世界各国の統計、特に各国ごとの経済報告書などを見ることができる。
日本外務省：http://www.mofa.go.jp/：日本の外交舞台でのコメントや『外交青書』『わが外交の近況』『経済協力評価報告書』など各種文書を入手することができる。
日本経済産業省：http://www.meti.go.jp/：『通商白書』の全文を読んだり、データをダウンロードすることができる。
日本環境省：http://www.cnv.go.jp/：循環型社会に関する法律や『環境白書』、『循環型社会白書』を見ることができる。
日本厚生労働省：http://www.mhlw.go.jp/：『厚生白書』等を見ることができる。
日本農林水産省：http://www.maff.go.jp/：日本の農業政策や農林漁業に関する統計データや『食料・農業・農村白書』等を入手することができる。
『FORTUNE』：http://money.cnn.com/magazines/fortune/：アメリカの経済誌で、世界500大企業などを見ることができる。
『Forbes』：http://www.forbes.com/：アメリカの経済誌で、世界500大企業などを見ることができる。

# 索　引

## あ行

IMF・GATT体制 …………………… 39
ILO ……………………………………… 11
アダム・スミス ………………………… 125
アフリカの年 …………………………… 33
アミン，サミール ……………………… 70
ウォーターゲート事件 ………………… 84
ウォーラステイン，インマニュエル … 73
宇沢弘文 ………………………… 131, 132
宇宙船地球号 …………………………… 49
エコシステム …………………………… 141
NPO ……………………………………… 168
F1レース社会 ………………………… 138
エロア資金 ……………………………… 24
援助より貿易を ………………………… 33
エントロピー …………………………… 145

## か行

開発主義 …………………………… 14, 15, 176
開発の失われた10年 …………………… 11
神の見えざる手 ………………………… 125
ガリオア資金 …………………………… 24
共同体 …………………………………… 138
金・ドル交換停止 ……………………… 10
均衡成長論 ……………………………… 34
禁止則 …………………………………… 145
金融危機 ………………………………… 49
グローバリズム ………………………… 13
交易条件長期悪化説 …………………… 32
構造主義 ………………………………… 31
合理的選択 ……………………………… 125
国際資本市場 …………………………… 86
国際通貨体制 …………………………… 85
国連人間環境会議 ………………… 49, 175
コスト・プッシュ要因 ………………… 85
固定相場制 ……………………………… 10

## さ行

サブシステンス ………………………… 13
サミット …………………………… 86, 175
参加型発展 ……………………………… 10
ジェンダー・エンパワーメント指数 … 106
ジェンダー開発指数 …………………… 106
資源ナショナリズム …………………… 46
自己決定権 ……………………………… 161
市場の単一化 …………………………… 143
市場の暴走 ……………………………… 130
市場の論理 ……………………………… 120
持続可能な開発 ………………………… 177
資本形成論 ……………………………… 35
資本の本源的蓄積 ……………………… 71
地元学 …………………………………… 165
社会開発 ………………………………… 9
社会構成体 ……………………………… 70
社会主義的生産様式 …………………… 96
収穫の逓減 ……………………………… 27
自由則 …………………………………… 145
循環型社会 ……………………………… 146
循環型社会形成推進基本法 …………… 147
循環型社会白書 ………………………… 148
情報の非対称性 …………………… 125, 141
静脈産業 ………………………………… 171
食糧自給率 ……………………………… 161
think globally, act locally …………… 20
新自由主義 ……………………………… 13
新植民地主義 …………………………… 39
人的資本論 ……………………………… 103
人的能力 ………………………………… 102
スタグフレーション ………… 10, 44, 100
スループット …………………………… 148
生活過程・生命過程 …………………… 163
生産的投資率 …………………………… 30
生産要素 ………………………………… 92
成長至上主義 …………………………… 123

索　引

制度派経済学……………………124
生の不在……………………………139
世界銀行………………………………3
世界経済システム…………………65
世界資本蓄積論……………………71
世界社会開発サミット…………109
世界保健機関……………………129
石油ショック………………………84
世代間公平性……………………183
世代内公平性……………………183
絶対的貧困層…………………51, 165
アマルティア・セン………………18
前近代社会………………………138
先進的中枢諸国……………………65
ソーシャル・キャピタル………170

た　行

第1次国連開発の10年………………9
第1次産業革命……………………64
大量消費財生産部門………………35
大量生産・大量消費…………48, 141
WTO閣僚会議……………………136
玉野井芳郎………………………164
地域学……………………………165
地域通貨…………………………169
地産地消…………………………152
中核‐半周辺‐周辺………………73
中心‐周辺関係……………………70
中枢‐衛星関係……………………65
槌田敦……………………………185
低開発衛星諸国……………………65
定常開放…………………………159
東西対立……………………………25
動脈産業…………………………171
トリックル・ダウン効果…………37
トルーマン，ハリー・S．…………5

な　行

中村尚司…………………………158
南南問題……………………………95
南北格差………………………………3

南北対立……………………………25
二重社会論…………………………72
NICsインパクト……………………95
人間開発…………………………101
人間開発指数………………11, 101
人間開発報告書…………………103
人間中心の開発…………………108
人間貧困指数……………………106
ヌルクセ，ラグナー………………32

は　行

パクス・アメリカーナ……………84
剥奪状態…………………………119
ハーシュマン，アルバート・オットー…36
ハック，マブーブル……………101
パックス・エコノミカ……………12
比較生産費税………………………38
比較優位……………………………89
ビッグ・プッシュ…………………32
非同盟諸国首脳会議………………62
貧困の悪循環論……………………32
不均衡成長…………………………36
物質循環…………………………145
物質代謝…………………………145
物質的欠乏………………………119
不等価交換…………………………74
フランク，アンドレ・グンダー…65
フランクス，オリバ………………17
ブルジョアジー……………………72
ブルントラント委員会…………177
ブレトンウッズ協定………………24
プレビッシュ＝シンガー命題……32
プレビッシュ，ラウル……………32
プロダクト・サイクル……………89
プロレタリアート…………………72
平和経済学……………………21, 132
変動相場制…………………………10
ポイント・フォー計画………………5

ま　行

マーシャルプラン…………………7

199

貧しい国は貧しいがゆえに貧しい………32
マネー・ロンダリング………………118
マルクス経済学………………………63
水俣病…………………………………167

や　行

UNDP……………………………………2
輸出加工区……………………………94
輸出ペシミズム論……………………32
輸入代替工業化……………………32, 80
吉田文和………………………………148
吉本哲郎………………………………167

ら　行

ラ・ミント……………………………36
ラティフンディオ……………………67
リーマンブラザーズ…………………130
リスク社会……………………………138
離陸……………………………………27
労働生産性……………………………91
ローマ・クラブ……………………46, 174
ロストウ，ウォルト・ホイットマン……26

わ　行

われら共有の未来……………………175

◆著者紹介

郭　洋春（かく　やんちゅん）

- 1991年　立教大学経済学部専任講師
- 1994年　同助教授
- 2001年　同教授，現在にいたる

専　門　開発経済学，アジア経済論

著　書　『環境平和学』（共編著，法律文化社，2004年）
　　　　『移動するアジア』（共編著，明石書店，2005年）
　　　　その他多数

Horitsu Bunka Sha

2010年2月20日　初版第1刷発行

開 発 経 済 学
―平和のための経済学―

著　者　郭（かく）　洋春（やんちゅん）

発行者　秋　山　　泰

発行所　株式会社　法律文化社
〒603-8053　京都市北区上賀茂岩ヶ垣内町71
電話 075(791)7131　FAX 075(721)8400
URL：http://www.hou-bun.co.jp/

© 2010 Yanchun Kaku Printed in Japan
印刷：共同印刷工業㈱／製本：㈱藤沢製本
装幀　前田俊平
ISBN978-4-589-03231-7

|  |  |
|---|---|
| 郭 洋春・戸﨑 純・横山正樹編<br>**環 境 平 和 学**<br>―サブシステンスの危機にどう立ち向かうか―<br>A5判・256頁・2100円 | 生存のための自然環境・社会基盤（＝サブシステンス）崩壊の危機に有効に立ち向かう理論として脱開発主義・サブシステンス志向の環境平和学を提唱する。深刻化する諸問題の解決のために新たな分析ツールの必要性を訴える。 |
| 戸﨑 純・横山正樹編<br>**環境を平和学する！**<br>―「持続可能な開発」からサブシステンス志向へ―<br>A5判・240頁・2205円 | 環境破壊は，生命の本来生を奪い，平和ならざる状況の一つである。環境を平和学的に捉え直すことにより環境問題アプローチのオルタナティヴを提言し，「開発」から平和へのパラダイム転換と構造的暴力克服への方途を提示する。 |
| 郭 洋春・戸﨑 純・横山正樹編<br>**脱「開発」へのサブシステンス論**<br>―環境を平和学する！ 2―<br>A5判・240頁・2205円 | 生存の諸条件としてのサブシステンスを破壊する開発主義の本質を暴く。開発主義の脱却と平和パラダイムへの転換をめざすサブシステンス志向の平和学は，近代の諸価値を問い直すなかで，新たな分析枠組みと理論を提起する。 |
| デヴィッド・ヘルド編・中谷義和監訳<br>**グローバル化とは何か**<br>―文化・経済・政治―<br>A5判・210頁・2520円 | グローバル化を社会科学として概念化した最良の入門書。グローバル化のインパクトが，何をどう変えてきたのかについて，様々な現象の実証的分析と諸理論の批判的検討を行い，グローバル化の理論的提起を試みる。 |
| 戸田 清著<br>**環 境 正 義 と 平 和**<br>―「アメリカ問題」を考える―<br>四六判・286頁・2520円 | 環境正義について整理し，環境学と平和学の視点から現代世界の構造的矛盾を批判的に考察。近代世界システムに内在する矛盾と限界により複合的な危機の時代を迎えた今，オルタナティブな世界へ向けた道標を提示する。 |

――― 法律文化社 ―――

表示価格は定価（税込価格）です